ନାୟିକା ନିଜ ଦର୍ପଣରେ

ଲୋକପ୍ରିୟ ଫିଚର୍ ସଂକଳନ

ନାୟିକା ନିଜ ଦର୍ପଣରେ

ପ୍ରଫେସର ସଂଘମିତ୍ରା ମିଶ୍ର

ବ୍ଲାକ୍ ଈଗଲ୍ ବୁକ୍ସ
ଭୁବନେଶ୍ୱର, ଓଡ଼ିଶା

BLACK EAGLE BOOKS
Dublin, USA

 BLACK EAGLE BOOKS

USA address:
7464 Wisdom Lane
Dublin, OH 43016

India address:
E/312, Trident Galaxy, Kalinga Nagar,
Bhubaneswar-751003, Odisha, India

E-mail: info@blackeaglebooks.org
Website: www.blackeaglebooks.org

First International Edition Published by
BLACK EAGLE BOOKS, 2022

NAYIKA NIJA DARPANARE
by **Prof. Sanghamitra Mishra**

Cover & Interior Design: Ezy's Publication

ISBN- 978-1-64560-278-1 (Paperback)

Printed in the United States of America

ଉତ୍ସର୍ଗ

ମୋ ନାନୀର ପବିତ୍ର ସ୍ମୃତି ଉଦ୍ଦେଶ୍ୟରେ -

ତୁ ଦିନେ ଦେଇଥିଲୁ ଗଭୀର ଆତ୍ମପ୍ରତ୍ୟୟ
ଚାଲିବାକୁ ଅସରା ପଥରେ
ନିଜକୁ ଚିହ୍ନିବା ପାଇଁ କେଉଁ ଦିବ୍ୟ ଅନ୍ତର୍ଦୃଷ୍ଟି
ଥିଲା ସତେ କହ ତୋ ପାଖରେ ?
ଯାହା ମୋତେ ଥିଲୁ ତୁ ଶିଖାଇ
ତାର ପୂତ ଫଳଶ୍ରୁତି
ତୋ ପଦେ ଅର୍ପଣ କରେ,
ଦିବ୍ୟ ଧାମରୁ ଦେ ତୋ
ଆଶିଷ ଝରାଇ-

ସ୍ନେହଧୀନା
ମିତୁ

ଏ ସଂକଳନ ପାଇଁ ଯାହା ମୋର କହିବାର କଥା -

'ନାରୀ' ବିଧାତାର ଅଦ୍ଭୁତ ସର୍ଜନା। ସେ ଅବଗୁଣ୍ଠନକାରୀ ପ୍ରହେଳିକାମୟୀ ପ୍ରକୃତି। ସେ ଜନନୀ, ସମଗ୍ର ବିଶ୍ୱର ବନ୍ଦନୀୟା ଜଗଦମ୍ବା। ସେ କନ୍ୟା, ମମତାର ମଧୁଝରା ସ୍ରୋତସ୍ୱିନୀ। ସେ ଜାୟା, କାୟା ସହିତ ସେ ଛାୟା। ସମଗ୍ର ସଂସାରକୁ ଯିଏ ଢାଙ୍କି ରଖିପାରେ ତା'ର ଲମ୍ବା ପଣତକାନି ତଳେ। ସେ ବାନ୍ଧବୀ, ସୁଖ ଦୁଃଖରେ ସମଭାଗିନୀ। ସେ ସେବିକା, ସେବା ଯାହାର ଜୀବିକା ନୁହେଁ ଜୀବନର ଭିନ୍ନ ନାମ।

କେଉଁଠି ସ୍ରଷ୍ଟା କହେ "ଯତ୍ର ନାର୍ଯ୍ୟସ୍ତ ପୂଜ୍ୟନ୍ତେ ରମନ୍ତେ ତତ୍ର ଦେବତାଃ" - ପୁଣି କେଉଁଠି ନାରୀ ପାଲଟେ "ଅର୍ଦ୍ଧେକ ମାନବୀ ତୁମି ଅର୍ଦ୍ଧେକ କଳ୍ପନା"- କେଁଠି ନାରୀ ନରକର ଦ୍ୱାର ତ କେଉଁଠି ଅସହିଷ୍ଣୁତାର ଭିନ୍ନ ନାମ। କେଉଁଠି ସେ ତ୍ୟାଗର ଶିଖରରେ ଆସୀନା ଦେବୀ ତ ଅନ୍ୟ ସ୍ଥାନରେ ଭୋଗ ବିଳାସରେ ପ୍ରମତ୍ତା ରମଣୀ। ତେବେ ନାରୀ ଯେଉଁଠି ତ୍ୟାଗ ଓ ସେବାର ପ୍ରତିମୂର୍ତ୍ତି ଘର ସେଠାର ସ୍ୱର୍ଗ। ଆମ ସମାଜରେ ଗୋଟିଏ ଘରର ସଂସ୍କୃତି ସେହି ଘରର ଝିଅ ବା ବୋହୂର ଚାଲି ଚଳଣିରୁ ଜଣାଯାଏ ବୋଲି କହନ୍ତି। ସେଥିପାଇଁ ସେ 'ଦୁଇ କୁଳକୁ ହିତା ନ ହେଲେ ପିତା' ପାଲଟେ। ଗୋଟିଏ ପଟେ ପିତୃକୁଳର ସଂସ୍କାର ତାକୁ ହାତେ ମାପି ଚାଖଣ୍ଡେ ଚାଲିବାର ଶକ୍ତିଦିଏ। ଅପରପଟେ ଶ୍ୱଶୁର ଗୃହର ମର୍ଯ୍ୟାଦା ତା ପାଦରେ ପିନ୍ଧାଇଦିଏ କର୍ତ୍ତବ୍ୟର ଶୃଙ୍ଖଳା। ବଡ଼ କଠିନ ସେ ଶୃଙ୍ଖଳାର ଭାର। ଚାହିଁଲେ ଫିଙ୍ଗି ଦେଇ ହୁଏନି। ଛାଇ ପରି କର୍ତ୍ତବ୍ୟ ଓ ଅଧିକାର ତିଳତଣ୍ଡୁଳିତ ହୋଇଯାଆନ୍ତି ନାରୀର ଜୀବନ ପଥରେ। ଯଦି ସେ ଉପାର୍ଜନକ୍ଷମା ହୁଏ ବା ନିଜର ବ୍ୟକ୍ତି ସ୍ୱାତନ୍ତ୍ର୍ୟ ଖୋଜି ବସେ ତେବେ ମଧ୍ୟ ଏହି ସଂସ୍କାର ସବୁ ତା ପିଛା ଛାଡ଼ନ୍ତିନି ବରଂ ଅଦୃଶ୍ୟ ଭାବରେ ତା'ର ଗତି ନିୟନ୍ତ୍ରିତ କରନ୍ତି।

ମାତୃତ୍ୱରେ ହିଁ ନାରୀର ସାର୍ଥକତା। ଆମ ସମାଜରେ ସନ୍ତାନବତୀ ହେବା ପରେ ହିଁ ବଧୂ ପାଲଟ ଯାଏ ଗୃହର ଉତ୍ତରାଧିକାରିଣୀ। ଯେଉଁଠି ପତ୍ନୀତ୍ୱ ମହିମାବନ୍ତ ସେଠାରେ ହିଁ ମାତୃତ୍ୱ ସାର୍ଥକ ହୋଇଥାଏ। ନାରୀ ସ୍ୱତନ୍ତ୍ର ନୁହେଁ ବରଂ ଗୋଟିଏ ପରିବାରର କର୍ମକ୍ଷମ ଅଙ୍ଗ ବିଶେଷ। ସେ ଅଙ୍ଗରେ ମାଦକତା ଅଛି, ଆମନ୍ତ୍ରଣ ଅଛି ପୁଣି ଅଛି ତ୍ୟାଗ ସେବା ଓ ଆତ୍ମୀୟତାର ମଧୁର ସମନ୍ୱୟ।

କିନ୍ତୁ ସାହିତ୍ୟରେ ନାରୀର ସ୍ୱତନ୍ତ୍ର ପରିଚୟ ଅଛି। ସେ ଯୁଗ ଯୁଗ ଧରି ସ୍ରଷ୍ଟା ପ୍ରାଣରେ ସୃଷ୍ଟିର ଉତ୍ସମୂଳ ଭାବରେ ବିଦ୍ୟମାନ ଏକଥା କ'ଣ ଆମେ ଅସ୍ୱୀକାର କରି ପାରିବା। ସାହିତ୍ୟରେ ନାରୀର ସ୍ଥାନ ସମ୍ପର୍କରେ ବହୁବାର ବିସମ୍ବାଦ, ବହୁ ଆଲୋଚନା ସମାଲୋଚନା କ୍ଷୋଭର ସହିତ ସ୍ୱୀକାର କରିବାକୁ ହେବ ଯେ ଆମ ସମାଜରେ ନାରୀକୁ ଉପଯୁକ୍ତ ମର୍ଯ୍ୟାଦ ମିଳିନାହିଁ। ଦେବୀର ବେଶ ପିନ୍ଧାଇ ତାକୁ ପୂଜାମଣ୍ଡପରେ ବସାଯାଇଛି ସତ୍ୟ କିନ୍ତୁ ମେଢ଼ ଭିତରେ ଆସୀନା ସେହି ନାରୀ ଦେବୀର ଆଟୋପ ଭିତରେ ହାତପାଦ ବନ୍ଧା ଜୀବଟିଏ ହିଁ ପାଲଟି ଯାଇଛି। କେଉଁଠି ତାପାଇଁ ସମାଜର ଅଜସ୍ର ଘୃଣା ତ କେଉଁଠି ଅସୀମ ଦୟା। କିନ୍ତୁ ଘୃଣାଠାରୁ ଦୟା କ'ଣ ଆହୁରି କରୁଣ ନୁହେଁ! ଅନବରତ ନିଜ ପରିବେଶ ସହିତ ସଂଘର୍ଷ କରୁଥିବା ସଂଗ୍ରାମୀ ସତ୍ତା ସେହି ନାରୀ କେତେବେଳେ ଝୁଣ୍ଟି ପଡୁଛି। କେହି ଅନାଉଁ ନାହିଁ ସହଯାତ୍ରୀ ବା ସମଧର୍ମୀବନ୍ଧୁ। ସେ ପଡ଼ିଉଠି ଧାଉଁଛି। ଝାଳ ପୋଛିବାକୁ ତର ନାହିଁ। କେଉଁଠି ସେ ପରିବେଶ ସହିତ ସାଲିସ କରି ଯାଉଛି ତ ଅନ୍ୟ କେଉଁଠି ପରିବେଶକୁ ବଦଳାଇ ଦେଇପାରିଛି ନିଜର କୁଶଳୀ ହାତର ସ୍ପର୍ଶରେ।

ମୋଟ ଉପରେ ଆମ ସମାଜର ନାରୀ ଆଉ ଆମ ସାହିତ୍ୟର ନାରୀ ଅଭିନ୍ନ ହେଲେ ହେଁ ଭିନ୍ନ ଭିନ୍ନ। ସମାଜରେ ନାରୀଟି ଯାହା କହିବାକୁ ଭୟ କରେ ସାହିତ୍ୟର ପରିସର ଭିତରେ ତାହା ସ୍ପଷ୍ଟ ଭାବରେ କହି ଦେଇପାରେ। ଯେଉଁ ସମସ୍ୟାଗୁଡ଼ିକର ସମାଧାନ ଖୋଜୁଖୋଜୁ ଆମ ସମାଜରେ ନାରୀଟିର କେଶ ଶୁକ୍ଳ ପାଲଟିଯାଏ ସାହିତ୍ୟ ମଧ୍ୟରେ ସେହି ସମସ୍ୟା ସମାଧାନର ପଥଟି ପରିଷ୍କାର ଦେଖାଯାଏ। ନାରୀ କେବଳ ନୁହେଁ ସେ ସାହିତ୍ୟ ପାଠ କରି ଆମ ସମାଜ ଉପକୃତ ହୁଏ। ନାରୀ ଖୋଜିପାଏ ତା'ର ସମସ୍ୟା ସମାଧାନର ପଥ। ସମସ୍ୟା ଶଙ୍କୁଳ ଜୀବନ ପଥରେ ଆଗେଇ ଯିବାକୁ ସେ ପାଏ ଅଜସ୍ର ଆତ୍ମବିଶ୍ୱାସ। ସେଥିପାଇଁ ହିଁ ସାହିତ୍ୟରେ ନାରୀମାନେ ଟିକେ ଅଧିକ ସ୍ପଷ୍ଟବାଦିନୀ। ଅଧିକ ବ୍ୟକ୍ତିତ୍ୱମୟୀ। ସେଠାରେ ଜୀବନ ଭଳି ପୁନଃପୌନିକତା ନଥାଏ ବରଂ ଥାଏ ନିର୍ଦ୍ଦିଷ୍ଟ ଲକ୍ଷ୍ୟରେ ଉପନୀତ ହେବା ପାଇଁ ସାଧୁ ଉଦ୍ୟମ। ସମାଜରୁ ନାରୀ ଚରିତ୍ରମାନେ ସଂଗୃହୀତ ହୁଅନ୍ତି ସତ୍ର ମାତ୍ର ସ୍ରଷ୍ଟାର ବ୍ୟକ୍ତିତ୍ୱ ସ୍ପର୍ଶରେ ତାହା ନବ

କଳେବର ଧାରଣ କରେ। ନୂତନ ଭାବ ସମୃଦ୍ଧ ହୁଏ କଳାକାରର ସଂସାର, ଚରିତ୍ରର ଚିତ୍ରଶାଳା। ପରିବର୍ତ୍ତିତ ସମାଜ ଭିତରେ ଆତ୍ମପ୍ରତିଷ୍ଠା ପାଇଁ ନାରୀଟିଏ ନୀରବ ସଂଗ୍ରାମ କରିଚାଲେ।

ଏହିଭଳି କେତେକ ନାରୀ ଚରିତ୍ର ସେମାନଙ୍କ ନିଜନିଜ କଥା କହିଛନ୍ତି ଏ ପୁସ୍ତକରେ। ଏଗୁଡ଼ିକ ପ୍ରବନ୍ଧର ଅନ୍ତର୍ଗତ କି ନାଁ ମୁଁ ଜାଣେନି। କିନ୍ତୁ ସେହି ଚରିତ୍ରମାନେ ନିଜ ସପକ୍ଷରେ ଯୁକ୍ତି ବାଢ଼ିଛନ୍ତି। ନିଜର ସମୟକୁ ବିଶ୍ଲେଷଣ କରିଛନ୍ତି। ନିଜର ସାଫଲ୍ୟ ପାଇଁ ସ୍ରଷ୍ଟାଙ୍କ ଉଦ୍ଦେଶ୍ୟରେ ଭକ୍ତି ଅର୍ଘ୍ୟ ଅର୍ପଣ କରିଛନ୍ତି। ବିଫଳତା ପାଇଁ ମନଭରି ଗାଳି ମଧ୍ୟ ଦେଇଛନ୍ତି। ପରିବେଶ ଭିନ୍ନ ହୋଇଥିଲେ ସେମାନଙ୍କ ଜୀବନ ଭିନ୍ନ ମୋଡ଼ ନେଇଥାଆନ୍ତା ବୋଲି କ୍ଷୋଭ ମଧ୍ୟ ପ୍ରକାଶ କରିଛନ୍ତି। ନିଜେ ହସି ଅନ୍ୟକୁ ହସାଇଛନ୍ତି। ନିଜେ କାନ୍ଦି ଅନ୍ୟକୁ କନ୍ଦାଇବାର ପ୍ରୟାସ ମଧ୍ୟ କରିଛନ୍ତି। ଏ ଧରଣର ପ୍ରୟାସ ଆମ ସାହିତ୍ୟରେ ନୂଆ ନୁହେଁ। ହୁଏତ ବିଖ୍ୟାତ ଆଲୋଚକ ଡଃ ନଟବର ସାମନ୍ତରାୟଙ୍କର 'ନେତ୍ରମଣିର ଡାଏରୀ' ଏ ଧରଣର ରଚନାର ଆଦ୍ୟ ପ୍ରକାଶ। ତେବେ ଏହି ରଚନାଗୁଡ଼ିକୁ ଆତ୍ମନେପଦୀ ବୋଲି କୁହାଯିବା ଯଥାର୍ଥ ମନେ ହୁଏ। ଏଗୁଡ଼ିକ ବିଭିନ୍ନ ସମୟର ରଚନା। ଯେଉଁ ଉପନ୍ୟାସ ବା ନାଟକର ଚରିତ୍ରମାନେ ବେଶିଦିନ ମନେ ରହିଯାଆନ୍ତି, କିଛି ନିର୍ଦ୍ଦିଷ୍ଟ ଛାପ ଛାଡ଼ି ଯାଆନ୍ତି ମନ ଭିତରେ ସେମିତି କେତେକ ନାୟିକାଙ୍କ କଥାକୁ ଏଠି ଏକାଠି କରିଛି। ସେମାନଙ୍କୁ ଯେ ପ୍ରକୃତ ନ୍ୟାୟ ଦେଇଛି ତାହା ମୁଁ କହିପାରିବିନି କିନ୍ତୁ ଜଣେ ନାରୀର ଦରଦୀ ହୃଦୟ ନେଇ ସେମାନଙ୍କୁ ସମୀକ୍ଷା କରିଛି। ଅନେକ ସମୟରେ ଏଗୁଡ଼ିକରେ କଳ୍ପନାବିଳାସ ମଧ୍ୟ ଏକୀଭୂତ ହୋଇଯାଇଛି।

ଏଥିମଧ୍ୟରୁ ଅନେକ ଦୈନିକ 'ଧରିତ୍ରୀ'ର 'ନାରୀ' ପୃଷ୍ଠାରେ ସ୍ଥାନିତ ହୋଇସାରିଛି। ମାସିକ ନବଲିପିରେ ମଧ୍ୟ "ମୋର ପୂର୍ଣ୍ଣତା ଦରକାର ପୂର୍ଣ୍ଣତା" ରଚନାଟି ପ୍ରକାଶିତ ହୋଇଛି। ଆଜି ଏହି ପୁସ୍ତକ "ନାୟିକା ନିଜ ଦର୍ପଣରେ" ପ୍ରକାଶନର ଶୁଭ ଅବସରରେ ଏହି ପତ୍ରିକାର ସମ୍ପାଦକମାନଙ୍କୁ ମୁଁ ଆନ୍ତରିକତାର ସହିତ ସ୍ମରଣ କରୁଛି। କଲ୍ୟାଣୀୟା ସଂଘମିତ୍ରା ମହାନ୍ତି, ରଶ୍ମି ରାଉଳ ଓ ଶ୍ରଦ୍ଧେୟ ଡଃ ନାରାୟଣ ସାହୁ ମୋତେ ଏଭଳି ରଚନାପାଇଁ ଉତ୍ସାହିତ କରିଛନ୍ତି ଓ ସସ୍ନେହ ତାଗିଦ ମଧ୍ୟ କରିଛନ୍ତି। ମୁଁ ସେମାନଙ୍କ ନିକଟରେ ମମତାବଦ୍ଧ। ମୋର ପିଲାମାନେ ମମତା, କବିତା ଓ ଅପରାଜିତା ଏହାର ପାଣ୍ଡୁଲିପି ପ୍ରସ୍ତୁତିରେ ମୋତେ ନାନାବିଧ ସାହାଯ୍ୟ କରିଛନ୍ତି। ମୋର ପୁତ୍ର ଶ୍ରୀମାନ ଅବିନାଶ ଏଗୁଡ଼ିକ ପାଠକରି ବିଶେଷ ମତାମତ ପ୍ରଦାନ କରିଛନ୍ତି। ଏମାନଙ୍କର ଉଜ୍ଜ୍ୱଳ ଭବିଷ୍ୟତ ପାଇଁ ମୁଁ ଈଶ୍ୱରଙ୍କ ନିକଟରେ ପ୍ରାର୍ଥନା କରୁଛି। ମୋର ସ୍ୱାମୀ ଡାକ୍ତର ଜଗନ୍ନାଥ ମହାପାତ୍ରଙ୍କର ଶୁଭେଚ୍ଛା ବ୍ୟତୀତ ଏ ପୁସ୍ତକ ପ୍ରକାଶନ ଅସମ୍ଭବ ହୋଇଥାଆନ୍ତା

ତାଙ୍କୁ କୃତଜ୍ଞତା ଜଣାଇବାକୁ ମୋର ଭାଷାର ଅଭାବ ମୁଁ ନମ୍ରତାର ସହିତ ସ୍ୱୀକାର କରୁଛି। ଏଥିପାଇଁ ମୋର ସାନଭାଇ ଲୁଟୁ, ମଣ୍ଟୁ ପ୍ରଭୃତିଙ୍କର ଆଗ୍ରହକୁ ମୁଁ ଶ୍ରଦ୍ଧାର ସହିତ ସ୍ମରଣ କରୁଛି।

୧୯୮୮ ରଜ ସଂକ୍ରାନ୍ତିରେ ଏହି ପୁସ୍ତକ ପ୍ରଥମେ ପ୍ରକାଶିତ ହୋଇଥିଲା। ସେହିଦିନରୁ ଚଉତିରିଶ ବର୍ଷ ବିତିଗଲାଣି। ସମୟ ନଈରେ କେତେ ପାଣି ବହିଗଲାଣି। ମୁଁ ଓ ମୋର ପାଠକ ପାଠିକା ବୟସ୍କ ହେଲୁଣି। କିନ୍ତୁ ଏହି ଉପନ୍ୟାସ ଓ ନାଟକର ନାରୀଚରିତ୍ରମାନେ ସେଇଠି ଠିଆ ହୋଇଛନ୍ତି, ନିଜ ନିଜ ସମୟକୁ ଜାବୁଡ଼ି ଧରି। ନିଜ ପାଇଁ ନ୍ୟାୟ ମାଗୁଛନ୍ତି ସେମାନେ ଘୋଷଣା କରୁଛନ୍ତି କାଳ ବିପକ୍ଷରେ କଳା ହିଁ ବଞ୍ଚି ରହିପାରେ।

'ନାୟିକା ନିଜ ଦର୍ପଣରେ' ରେ ସ୍ଥାନିତ ଏହି ସ୍ୱୀକାରୋକ୍ତି ମୂଳକ ରଚନାଗୁଡ଼ିକ ମୋତେ ଲୋକପ୍ରିୟ କରିଛି। ଦୈନିକ ଧରିତ୍ରୀ ପୃଷ୍ଠାରେ ସ୍ଥାନିତ ହୋଇ ଖୁବ୍ ପ୍ରଶଂସା ସାଉଁଟିଛି ଓ ଏଥିପାଇଁ ମୋତେ ଧରିତ୍ରୀ ଫିଚର ସମ୍ମାନ ମଧ୍ୟ ମିଳିଛି। ଆଜି ମଧ୍ୟ ଏହି ପୁସ୍ତକକୁ ଲୋକେ ମନେ ରଖିଛନ୍ତି। ଆଜି 'ବ୍ଲାକ୍ ଈଗଲ ବୁକ୍ସ' ଭଳି ଆନ୍ତର୍ଜାତିକ ପୁସ୍ତକ ପ୍ରକାଶନ ସଂସ୍ଥା ଏହାର ଦ୍ୱିତୀୟ ସଂସ୍କରଣ କରୁଛନ୍ତି। ଏହା ମୋ ପାଇଁ ଆନନ୍ଦର କଥା।

ଏହି ସଂସ୍କରଣର ପ୍ରକାଶନ ଅବସରରେ ମୁଁ ଏହି ପ୍ରକାଶନର ମୁଖ୍ୟ କବି ଓ ଅନୁବାଦକ ସତ୍ୟ ପଟ୍ଟନାୟକଙ୍କ ନିକଟରେ କୃତଜ୍ଞତା ସ୍ୱୀକାର କରୁଛି ଓ ଏହି ପୁସ୍ତକ ପାଠକମାନଙ୍କ ଦ୍ୱାରା ଆଦୃତ ହେବ ବୋଲି ଆଶା ରଖୁଛି।

ସଂଘମିତ୍ରା ମିଶ୍ର

ସୂଚିପତ୍ର

'ମୁକ୍ତା'ର ନିଜ କଥା

ସେ କଥା ଦେଇଥିଲେ ସମୁଦ୍ର କୂଳରେ ଗୋଟେ ଛୋଟିଆ ଘର କରିଦେବେ ମୋ ପାଇଁ, ଯେଉଁଠି ବସି ମୁଁ ଖାଲି ସମୁଦ୍ରର ଢେଉ ଗଣିବି ଓ ହସିବି।

ଏବେ କିନ୍ତୁ ମୁଁ ବୁଝିପାରୁଛି, ଜୀବନଟା ଭାରି ଜଟିଳ। ମୁଁ ସ୍ୱପ୍ନରେ ଦେଖିଥିବା ସମୁଦ୍ର କୂଳିଆ ଘର ଭଳି ସୁନ୍ଦର ନୁହେଁ।

ମୁଁ ମୁକ୍ତା 'ମୃଗୟା'ର ନାୟିକା। ନାଟ୍ୟକାର ବିଶ୍ୱଜିତ୍ ଦାସଙ୍କ ମାନସ କନ୍ୟା ତାଙ୍କର ସମସ୍ତ ଶିଳ୍ପ ଚାତୁରୀର କଳାତ୍ମକ ରୂପାୟନ। ଏ ମୃଗୟା ପୁଣି ରାଜାଙ୍କ ପାରିଧି ନୁହେଁ ଜୀବନର ମୃଗୟା, ଚିରନ୍ତନ ମୃଗୟା, ମୁଁ ମୃଗୟୁ ନୁହେଁ ଶରାହତ ପକ୍ଷିଣୀଟିଏ। ସୁଲଳିତ ସ୍ୱରରେ ଏକଦା ସମଗ୍ର ପରିବେଶକୁ ଆନନ୍ଦମୁଖର କରିଥିବା ପକ୍ଷିଣୀ ମୁଁ, ଆଜି ଆପଣମାନଙ୍କୁ ଶୁଣାଉଛି ସେହି ମୃଗୟାର କାହାଣୀ। କିଏ ମୋର ଡେଣା କାଟିଦେଲା, କିଏ ମୋତେ ଆକାଶର ସୀମାହୀନ ନୀଳିମା ଭିତରୁ ଟାଣି ଆଣିଲା ହିସାବ କିତାବର ମାପଚୁପ ଦୁନିଆକୁ।

ସରଳା ତରୁଣୀ ମୁଁ। ଜୀବନରେ ଖାଲି ହସି ଶିଖିଥିଲି। ସର୍କସର ଜୋକରକୁ ଦେଖିବା ପାଇଁ ବାପାଙ୍କୁ ଓ ଶୁଭେନ୍ଦୁକୁ ବାରମ୍ବାର ପ୍ରବର୍ତ୍ତାଉ ଥିଲି। ବାପା ମୋର ଖୁବ୍ ଦୁଃଖୀ ମଣିଷଟିଏ। ଭାଇ ତାଙ୍କୁ ବହୁତ କଷ୍ଟ ଦେଇଛି। ତାଙ୍କୁ କେବେ ବୁଝିନି ଖାଲି ନିଜର ମତାମତ ଜାହିର କରିଛି। ସେଥିଲାଗି ଘର ବି ଛାଡ଼ିଛି। ହେଲେ ମୋର କ'ଣ ହେଲା। ମୁଁ ତ ପ୍ରାଣ ଉଚ୍ଛ୍ୱାସରେ ଛଳ ଛଳ ଥିଲି। ବାପାଙ୍କ ଛାତ୍ର ଶୁଭେନ୍ଦୁ କଥା ଦେଇଥିଲେ ମୋତେ ବିବାହ କରିବେ। ଅଭାବଗ୍ରସ୍ତ ମାତ୍ର ମେଧାବୀ ଛାତ୍ର ଶୁଭେନ୍ଦୁ ବାପାଙ୍କର ଥିଲେ ପ୍ରିୟପାତ୍ର ଆଉ ମୋର ସବୁ ସ୍ୱପ୍ନର କେନ୍ଦ୍ରବିନ୍ଦୁ। ତାଙ୍କୁ ଥରେ ପରିହାସ କରି କହିଥିଲି "ସତରେ ତମେ ଗୋଟାଏ ନିର୍ଦ୍ଧୁମ ବୋକା, ହସିଲେ ତମେ ଛୋଟ

ହୋଇଯିବ ନା କାନ୍ଦିଲେ ବଡ଼ ହୋଇଯିବ ? ତମେ ଯାହା ସେଇୟା। କାହିଁକି ମିଛଟାରେ କାନ୍ଦିବ, କହିଲ ? ହସ ! ,, ତମେ ଗୋଟାଏ ଜୋକର”।

ଶୁଭେନ୍ଦୁ ପାଠପଢ଼ିଲେ ଚାକିରି କଲେ। ଏମିତିସେମିତି ଚାକିରି ନୁହେଁ। ଏକ୍‌ଦମ୍ ଆଇଏଏସ୍। ବାପାଙ୍କୁ ଏ ଖବର ଦେବାକୁ ସେ ଆସିଲେ ମୋଟେ ଛ’ମାସ ପରେ, ଆଉ ମୋର ବ୍ୟାକୁଳ ପ୍ରତୀକ୍ଷାର କିଭଳି ଦୁଃଖଦାୟକ ଅନ୍ତହେଲା ଜାଣିଛନ୍ତି- ସେଦିନ ଶୁଭେନ୍ଦୁ କହିଲେ- “ଆଉ ସାତଦିନ ପରେ ମୋ ବାହାଘର। ହଁ ବାହାଘର, ଦରଦାମ ସବୁ ଛିଣ୍ଡି ଯାଇଛି। ତିରିଶ ହଜାର ଟଙ୍କା, ଆମ୍ବାସାଡ଼ର କାର। ମସ୍ତବଡ଼ କୋଠା।” ମୋର ମୋହ ଭଙ୍ଗ ହେଲା। ବାପା ଘରକୁ ଫେରିବା ପୂର୍ବରୁ ମୁଁ ଜୋରକରି ତାଙ୍କୁ ବିଦା କରିଦେଲି। କାହିଁକି ଅପେକ୍ଷା କରିଥାଆନ୍ତେ କୁହନ୍ତୁ ତ ! ତାଙ୍କ ଦର ତ ମୋ ଶିକ୍ଷକପିତା ଦେଇପାରି ନ ଥାନ୍ତେ। ତେବେ ମୋର କ୍ଷୋଭ ମୋର ଆତ୍ମଗ୍ଲାନି ବେଶିଦିନ ତିଷ୍ଠିପାରି ନ ଥିଲା।

ଯଦିଚ ଶୁଭେନ୍ଦୁର ପ୍ରେମ ମୋ ଜୀବନର ମହାର୍ଘ ଅନୁଭୂତି ଥିଲା ତଥାପି ମୁଁ ସାଜିଲି ଔଷଧ ଦୋକାନୀ କଳ୍ପତରୁର ଘରଣୀ। କଳ୍ପତରୁ ବି କଥା ଦେଇଥିଲେ ମୋର କାମନାର କଳ୍ପତରୁ ହେବେ ବୋଲି। କଥା ଦେଇଥିଲେ ସମୁଦ୍ର କୂଳରେ ଗୋଟେ ଛୋଟିଆ ଘର କରିଦେବେ ମୋ ପାଇଁ, ଯେଉଁଠି ବସି ମୁଁ ଖାଲି ସମୁଦ୍ରର ଢେଉ ଗଣିବି ଓ ହସିବି। କିନ୍ତୁ ମୋର ବାପା ବୁଝିପାରିଥିଲେ ମୋର ମାନସିକତାକୁ ଆଉ ତାଙ୍କର କିଂକର୍ତ୍ତବ୍ୟବିମୂଢ଼ତା ଭିତରେ ମୁଁ କଳ୍ପତରୁଙ୍କୁ ହିଁ ବିବାହ କରିଗଲି। ହେଲେ ସମୁଦ୍ରକୂଳର ଘର ମୋର କଳ୍ପନାରେ ହିଁ ରହିଗଲା। ଭାଲୁ ନାଚ ଦେଖା, ଆଇସକ୍ରିମ ଖିଆ ଆଉ ସରସ୍ୱତୀ ପୂଜା ଚାନ୍ଦା ଦେଇଥିଲି ବୋଲି ମୋର ବ୍ୟବସାୟୀ ସ୍ୱାମୀ ମୋତେ ଅପମାନିତ କଲେ। ମୋର ନାରୀତ୍ୱ ହାହାକାର କରି ଉଠିଲା। ହେଲେ ସବୁ ଅକାରଣ। ବାପା ଆସିଥିଲେ ମୋତେ ଦେଖାକରିବାକୁ। ବୁଝି ପାରିଥିଲେ ମୋର ଅସହାୟତା। ହେଲେ ମୁଁ ତାଙ୍କୁ କିଛି କହିନି ମ ! ଏମିତି ଦେଖିଲେ ମୁଁ ଟିକେ ବୋକୀ ସିନା କିନ୍ତୁ ବାପାଙ୍କ ସ୍ୱପ୍ନ କେମିତି ଭାଙ୍ଗି ଦେଇଥାଆନ୍ତି ଯେ - ମୁଁ କହିଲି ମୁଁ ଆନନ୍ଦରେ ଅଛି। ହିସାବ ରଖିପାରୁଛି, ଭାଲୁନାଚ ଦେଖୁଛି ଆଇସକ୍ରିମ୍ ବି ଖାଉଛି। କିନ୍ତୁ ଏତିକି ଅନ୍ତତଃ ମୁଁ ବୁଝି ପାରୁଛି ଜୀବନଟା ଭାରି ଜଟିଳ। ମୁଁ ସ୍ୱପ୍ନରେ ଦେଖିଥିବା ସମୁଦ୍ରକୂଳିଆ ଘର ଭଳି ସୁନ୍ଦର ନୁହେଁ, ହେଲେ ଶୁଭେନ୍ଦୁ- ମନେ ପଡ଼େ ତାଙ୍କ କଥା, କିନ୍ତୁ ମନଟା ବିଷେଇ ଯାଏ। କାନପାଖରେ ପ୍ରତିଧ୍ୱନିତ ହୋଇଉଠେ ତିରିଶି ହଜାର ଟଙ୍କା ଆମ୍ବାସାଡ଼ର ଗାଡ଼ି ଆଉ କୋଠା - ଯାହା ମୋ ଭଳି ଅନେକ ମୁକ୍ତାଙ୍କୁ ରାସ୍ତାକଡ଼କର ଧୂଳିମାଟି ଭଳି ଅଲୋଡ଼ା କରିଦେଇଛି। ଆମ

ସ୍ୱପ୍ନର ମୂଲ୍ୟ ନାହିଁ। ଆନ୍ତରିକତା, ସମ୍ବେଦନଶୀଳତା ଆଉ ବିଶ୍ୱସ୍ତତା ସବୁ ଯେମିତି ମୂଲ୍ୟହୀନ।

ସାରଥି ଭାଇ ଘର ଛାଡ଼ିବା ପରେ ଅବସରପ୍ରାପ୍ତ ବାପା ମୋର ପୁଣି ସ୍କୁଲରେ ଚାକିରି କଲେ। ପିଲାଙ୍କୁ ମଣିଷ କରିବାର ଶପଥ ଭିତରେ ଭୁଲିବାକୁ ଚାହିଁଲେ ଭାଇର ବିଚ୍ଛେଦ। କିନ୍ତୁ ସେ ପାଇଲେ କ'ଣ? ତାଙ୍କର ଯେଉଁ ଛାତ୍ର ରଞ୍ଜନ ଏକଦା ତାଙ୍କର ବ୍ୟକ୍ତିତ୍ୱର ବଡ଼ ପ୍ରଶଂସକ ଥିଲା, ସ୍କୁଲର ସେକ୍ରେଟାରୀଙ୍କ ପୁଅକୁ ଫେଲ କାହିଁକି କଲେ ବୋଲି ସେ ବାପାଙ୍କୁ ମାଗି ବସିଲା କୈଫିୟତ୍। ବାପାଙ୍କୁ ଅପମାନିତ କଲା। ଏହି ପରିଣତ ବୟସରେ ବାପା ଚାହିଁଲେ ଅର୍ଥ। ବେଶି ନୁହେଁ, ମାତ୍ର ତିନିଶହ ଟଙ୍କା। ତାଙ୍କୁ ପାଶ କରାଇ ଦେବାର ମୂଲ୍ୟ। କାରଣ ଜୀବିକା ପ୍ରତି ଏତେ ବିଶ୍ୱସ୍ତତା ସତ୍ତ୍ୱେ ତାଙ୍କ ପୁଅ ଅମଣିଷ ହେଲା। ପାଲଟିଗଲା ରାଜନୀତିକ ନେତାଙ୍କର ହାତବାରିସି। ତିରିଶହଜାର ଟଙ୍କାପାଇଁ ଝିଅ ତା'ର ମନୋମତ ସ୍ୱାମୀ ପାଇବାକୁ ବଞ୍ଚିତ ହେଲା। କ'ଣ ପାଇଲେ ସେ? ତେଣୁ ଯଦି ତିନିଶହ ଟଙ୍କା ବଦଳରେ ସେ କାହାର ନମ୍ବର ବଢ଼ାଇ ଦିଅନ୍ତି, ତେବେ କ୍ଷତି କ'ଣ? ସବୁ ଠିକ ଯେ, କିନ୍ତୁ ଏ ବୟସରେ ବାପାଙ୍କର ଜୀବନ ପ୍ରତି ଦୃଷ୍ଟିଭଙ୍ଗୀର ଅବକ୍ଷୟ ମୋତେ ବ୍ୟଥିତ କରିଥିଲା। ଅଧ୍ୟାପନାକୁ ତପସ୍ୟା ବୋଲି ମନେ କରୁଥିବା ମୋର ବାପା ଶେଷ ଜବନରେ ପରିସ୍ଥିତିର ଧକ୍କାରେ ଭାଙ୍ଗିପଡ଼ିଲେ। ବଢ଼ନ୍ତା ନଈର କୁଟାଖିଅ ଭଳି ଭାସିଗଲେ।

ମୁଁ ଶିକ୍ଷକ ବିବେକାନନ୍ଦଙ୍କ ଅଲିଅଳୀ ଝିଅ କୁନି। ଶୁଭେନ୍ଦୁର ଏକଦା ପ୍ରେମିକା। ସାରଥି ବାବୁଙ୍କ ଭଉଣୀ। କଳ୍ପତରୁ ଦାସଙ୍କର ବିବାହିତା ପତ୍ନୀ। ବାପାଙ୍କ ଆଦର୍ଶ ମୋର ଭବିଷ୍ୟତକୁ ଅନ୍ଧକାରାଚ୍ଛନ୍ନ କରିଦେଲା। ଯଦି ସମସ୍ତେ ଲାଞ୍ଚ ନେଉଛନ୍ତି, ତେବେ ତାଙ୍କର ଏତେ ନିଷ୍ଠା କ'ଣ ଲୋଡ଼ା ଥିଲା? ଭାଇ ଚାଲିଯିବା ପରେ ବାପାଙ୍କର ଅସହାୟତା ମୁଁ ଦେଖିଛି ଅନୁଭବ କରିଛି। ତାଙ୍କୁ ମୁଁ ଦୋଷ ଦେଇପାରିବିନି। ହେଲେ ସେ କାହିଁକି ତିନିଶହ ଟଙ୍କା ରଞ୍ଜନଠାରୁ ନେଲେ ଯେ। ନହେଲେ ଅନ୍ତତଃ ଭାବିଥାଆନ୍ତି ଯେ ମୋ ବାପା ସବୁଠୁ ଭିନ୍ନ ଏକ ମର୍ଯ୍ୟାଦାବନ୍ତ ବ୍ୟକ୍ତିତ୍ୱ-ଆଉ ଭାଇ, ତା କଥା ଛାଡ଼। ଯୁକ୍ତି କରିବ ଯେ ଓକିଲ ବି ହାର ମାନିବେ। ବାପାଙ୍କୁ ସେଦିନ ଡାକିଲା- "ହଇହୋ ବାବୁ, ମୁଁ ଯାଉଛି ବୁଝିଲ। ବାଇଶି ତେଇଶି ବର୍ଷ ହେଲଲା ମୋ ପାଇଁ ଭାରି ହଇରାଣ ହୋଇଛ? ଧନ୍ୟବାଦ, ବହୁତ ଧନ୍ୟବାଦ।" ଆଚ୍ଛା କହିଲ ଦେଖି ମାତୃହରା ଯେଉଁ ଶିଶୁକୁ ବାପା କୋଳର କାଖର କରି ମଣିଷ କଲେ ତା ପାଇଁ ଅସୁମାରି କଳ୍ପନାର ଜାଲ ବୁଣିଥିଲେ, ସେ କ'ଣ ପାଇଲେ ତାଙ୍କ ଶେଷ ଜୀବନରେ? ଆଉ ମୁଁ ତ ଝିଅଟାଏ। ବେଶି ପାଠଶାଠ ବି ପଢ଼ିନି। ବାପା ଅବସରପ୍ରାପ୍ତ – ଆଇ.ଏ.ଏସ୍

ଜ୍ୱାଇଁ କରିବାକୁ ତାଙ୍କର କ୍ଷମତା ନାହିଁ। ଔଷଧ ଦୋକାନୀ ସ୍ୱାମୀ ହିଁ ମୋ ପାଇଁ ଢେର। କିନ୍ତୁ ମୋ ସ୍ୱପ୍ନ, ମୋ ସର୍କସ ଦେଖା, ଭାଲୁନାଚ ମୋର ଉଚ୍ଛ୍ୱସିତ ଆନନ୍ଦ। ସେ ଉତ୍ସଟା ଶୁଖିଗଲା ଯାହା। ବଞ୍ଚିବାର ଆନନ୍ଦରେ ଭଟ୍ଟା ପଡ଼ିଗଲା। ବାକି କେତେଦିନ କଟିଯିବ କେବଳ ହିସାବ ଲେଖି। ମୁଁ ପରା ଶିକ୍ଷକଙ୍କ କନ୍ୟା, ଟିକେ ପ୍ରତିବାଦ କରନ୍ତି ଭାବୁଛି। ହେଲେ ବେଶି ପାଠ ତ ପଢ଼ିନି, ଚାକିରି ବାକିରି କରି ପାରିବିନି। ବାପାଙ୍କୁ ଏ ବୟସରେ ଅସନ୍ତୁଷ୍ଟ କରିବାକୁ ବାଧୁଛି। ତେବେ ଆପଣମାନେ କୁହନ୍ତୁ ରଞ୍ଜନ, ସନାତନ ମିଶ୍ର, ଜଗୁ ଓ ମାଗୁଙ୍କ ଭଳି ନେତା ଆଉ ଚାମଚାଙ୍କ ଦୁନିଆଁରେ ବାପା କ'ଣ ଇଜ୍ଜତ ନେଇ ବଞ୍ଚିବାର ଉପଯୁକ୍ତ ହେବେନି; ସତେ କ'ଣ ଏମିତି ଶୁଭଦିନ ଆସିବ ନାହିଁ!!!

ମୁଁ 'ମୃଗୟା'ର ନାୟିକା ମୁକ୍ତା ସମୟ ସାଗର ବେଳାରେ ଠିଆ ହୋଇ ଦେଖୁଛି ମୋ ଛାଇ ବଢ଼ିଚାଲିଛି। ମୋ ସହିତ ମିଶି ଗଲେଣି ସହସ୍ର ସହସ୍ର ଛାଇ। ସମସ୍ତେ ମୋରି ଭଳି ଚଳନ୍ତି ସମାଜରେ ଅତିଷ୍ଠା ନାରୀ, ତେବେ ଆମର ଗତି କୁଆଡ଼େ। ଜୀବନରେ କ'ଣ ଅର୍ଥହିଁ ସବୁ? ପଦପଦବୀ ହିଁ ସବୁ' ଜୀବନର ମୂଲ୍ୟ ମାପିବା ପାଇଁ କ'ଣ କିଛି ଯନ୍ତ୍ର ଆବିଷ୍କୃତ ହୋଇନି। ଆମମାନଙ୍କୁ ବ୍ୟକ୍ତିତ୍ୱ ସଚେତନ କରାଇବା ପାଇଁ କ'ଣ କେହି କେବେ ଆମ ଆଡ଼କୁ ଆଗ୍ରହର ହାତ ବଢ଼ାଇବ ନାହିଁ।

■

ପୂର୍ଣ୍ଣତା ଦରକାର ମୋର ପୂର୍ଣ୍ଣତା

(ଔପନ୍ୟାସିକ ଗୋପୀନାଥ ମହାନ୍ତିଙ୍କ 'ଦାନାପାଣି'ର ନାୟିକା ସରୋଜିନୀର ଆତ୍ମଲିପି)

ମୋର ପୂଜନୀୟ ସ୍ରଷ୍ଟାଙ୍କ ଉଦ୍ଦେଶ୍ୟରେ ଭକ୍ତିପୁତ ପ୍ରଣତି ଜଣାଇ ମୁଁ ସରୋଜିନୀ ଆଜି ତୁଣ୍ଡ ଖୋଲୁଛି। ଭୁଲି ଯାଇଛନ୍ତି ମୋତେ ! ମୁଁ ସେଇ ୪ ଫୁଟ ୯ ଇଞ୍ଚ ଉଚ୍ଚତା ବିଶିଷ୍ଟ ଯୋଜନାବାଦୀ ନାୟକ ବଳୀଦତ୍ତର ଧର୍ମପତ୍ନୀ। କେଉଁ ଦୂର ମଫସଲ ଗାଁର କୁମାରୀ କନ୍ୟା ମୁଁ। ବାପା ଦେଇଥିଲେ ସୁନା ଘଣ୍ଟା ଓ ସାଇକେଲ ଯଉତୁକ। ଏଣେ ସାଇ ମାଇପେ ବରକୁ ଦେଖି ବାହୁନିଲେ "ସୁନାତାଟିଆରେ ଜାମୁକୋଳି।' ଯାହାହେଉ ଗୋଟାସୁଦ୍ଧା ମୋର ବୋଲି ଆବୋରିବାକୁ ମଣିଷଟିଏ ପାଇଲିତ। ସହର ଆସିଲି। ସେଠି ବି ନିଅଣ୍ଟିଆ ନିବୁଜ ସଂସାର। କଖାରୁ ଗଛ, ଅଳଗୁଣି ଚୁଲି ଫୁଙ୍କା। ପୁଣି ରାମବାବୁଙ୍କ ଭଳି ହିଂସିକା ପଡ଼ୋଶୀ। ସ୍ୱାମୀ ମୋର ଚାକିରିରେ ପଦୋନ୍ନତି ପାଇଁ ବ୍ୟସ୍ତ। ଆଉ ମୁଁ ନିର୍ଜଞ୍ଜାଳ ଜୀବନରେ ସେହି ଖଡ଼ା ବଡ଼ି ଥୋଡ଼ର ଗତାନୁଗତିତା ଭିତରେ କ୍ଳାନ୍ତ ହୋଇପଡ଼େ ଏମିତି ଭିତରେ ପାଖ ଘରର କଲେଜ ପିଲା ବ୍ୟାୟାମ କରୁଥିଲା ବେଳେ ଥରେ କାହିଁକି କେତେଥର ଚାହିଁଥିବି। ସେଥିରେ ବି ସ୍ୱାମୀଙ୍କର ଈର୍ଷା। ମୁଁ ଯଦି ମନ କରିଥାନ୍ତି ସେ ଘରେ ନଥିଲାବେଳେ କଲେଜପିଲାକୁ ଡାକି ତା ସହିତ ଦୁଃଖ ସୁଖ ହୋଇପାରିଥାଆନ୍ତି। ମହାପାତ୍ରବାବୁଙ୍କୁ ଲେମ୍ବୁପାଣି ଦେଇ ଚର୍ଚ୍ଚାକଲା ପରି ସତ୍କାର କରିପାରି ଥାଆନ୍ତି। କିନ୍ତୁ ନା... ସେଦିନ ଦେଖିଲି- ତା ବଇଁଶୀ ବଜାକୁ ନେଇ ଆମଘରେ କି ପାଲା। 'ଦେଖିବି କେମିତିଆ ସେ ବଇଁଶୀ ବଜାଳି। ବଜାରୀ ଟୋକା କାହାଁକା। ଉଠ ତୁମେ, ଅଣ୍ଡାକରେ ତାକୁ।' ତଥାପି ସେ ସହର ଛାଡ଼ି ଗଲାଦିନ ଝରକା କଡ଼ରେ କଲେଜ ପିଲାର ଛବି ଦେଖି ମୋର ମନ ହେଉଥିଲା ତାକୁ ଟିକେ ଆଉଁଷିଦେବାକୁ, ଗେହ୍ଲାକରି ଦେବାକୁ। ତେବେ ସେଇଟା କ'ଣ ଏଡ଼େ ବଡ଼ ସ୍ଖଳନ। ସେବେ ପୁରୁଣା ସହରରେ ମନଟା ଥରେ କିନ୍ତୁ ଗୋଳମାଳିଆ ଧରିଥିଲା। ଯେଉଁଦିନ

ମହାପାତ୍ରବାବୁ କେହି ଘରେ ନଥିଲାବେଳେ ଆମ ଘରକୁ ଆସିଥିଲେ, ଆମ ବାବୁଙ୍କର ପ୍ରମୋସନ ଖବର ନେଇ। ନିଜେ ମାଗିଥିଲେ ଚାହା, ଅନଭ୍ୟସ୍ତ ହାତ ମୋର ଥରି ଉଠିଥିଲା। 'ପତି ପରମ ଗୁରୁ' ବ୍ରତ କମ୍ପି ଉଠିଥିଲା ? ଚାହା ସହିତ ମହନଭୋଗ। ପୁଣି ମହନଭୋଗ ଥାଳିଆରେ ମୋ ଆଙ୍ଗୁଠିର ଛାପ ଦେଖି ବିଘଟଣିଆ କରି ମହାପାତ୍ର ବାବୁଙ୍କ ତାରିଫ ! ମୁହଁ ପୋଡ଼ି ଯାଉଥିଲା। ତଥାପି ସ୍ୱାମୀଙ୍କ ପଦୋନ୍ନତି ପାଇଁ ମୁଁ ନିର୍ବିକାର ହୋଇ ଯାଇଥିଲି। ସ୍ୱାମୀଙ୍କୁ ମୋ ମନଗହନର କଥା କହି କ'ଣ ଉତ୍ତର ପାଇଥିଲି ଜାଣନ୍ତି ? 'କାଇଁ ଭିତରକୁ ଯାଇ ଟେବୁଲ ଉପରେ ଥୋଇ ଦେଇ ଆସିଥିଲେ କ'ଣ ପାପ ହୋଇଥାନ୍ତା ? ଏଇ ତ ତମ ଓଲାମି।' ମୋ ଓଲାମି ମୋଠି ରହିଲା। ଆଉ ସେଇ ଓଲାପଣିଆକୁ ଗଣ୍ଠି କରି ମୁଁ ଦୁଇ କୂଳରୁ ଦୂରେଇଗଲି। ସ୍ୱାମୀ ମୋର ଥରେ କହିଥିଲେ ମୁଁ କାଳେ ତାଙ୍କ ବେକରେ ଝୁଲୁଥିବା ପଥର। କାହିଁକିନା ମୁଁ ଅନ୍ୟମାନଙ୍କ ସ୍ତ୍ରୀପରି ନାଚି ଗାଇ ବା ଖେଳି ଉପରିସ୍ଥମାନଙ୍କର ମନ ନେଇପାରେ ନାହିଁ। ତେବେ ମୁଁ ଯଦି ଅକସ୍ମାତ ଗତିକୁ ପ୍ରଗତି ଭାବି ସ୍ରୋତର ଅନୁକୂଳରେ ଡଙ୍ଗାର କାତ ଛାଡ଼ି ଭାସିଯାଏ ତେବେ ମୋର ଦୋଷ କ'ଣ ?

ସମସ୍ତେ ମୋରି ମୁଣ୍ଡରେ ଦୋଷ ଲଦି ଦିଅନ୍ତି। ଜ୍ଞାନୀ, ଗୁଣୀ ବିଦ୍ୱାନମାନେ ସରୋଜିନୀକୁ ବଳୀଦତ୍ତର ସାଫଲ୍ୟର ସିଡ଼ିଟିଏ ବୋଲି କୁହନ୍ତି। କଲେଜ ପିଲାଏ ମୋ ସ୍ୱାମୀଙ୍କୁ ସମବେଦନା ଜଣାଇ ମୋତେ ନିମ୍ନଦୃଷ୍ଟିରେ ଦେଖନ୍ତି। ପରୀକ୍ଷାରେ ପ୍ରଶ୍ନ ଉତ୍ତର କରି ବିଶ୍ୱବିଦ୍ୟାଳୟ ପରୀକ୍ଷାରେ ପାସ୍ କରି ତାଙ୍କ ଭବିଷ୍ୟତ ପାଇଁ ସିଡ଼ି ପକାଇ ଦିଅନ୍ତି। କିନ୍ତୁ ମୋତେ କେହି ବି ବୁଝିଲେନି, କାହା କଲମ ମୁନରେ ମୋର ତୀବ୍ର ବେଦନାବୋଧ ରୂପ ନେଲା ନାହିଁ। ସେ ଦିନ ଥିଲା ଅଲଗା। ଆଜିତ ନାରୀ ନିଜର ଅଧିକାର ସାବ୍ୟସ୍ତ କରିବାର ବୈଧାନିକ ଅଧିକାର ପାଇଛି। କେତେଦିନ ଆଉ ନିର୍ବିକାରେ ତୁଣ୍ଡବୁଜି ବସିଥାଆନ୍ତି ଭଲା। ତେଣୁ ବାଧ୍ୟରେ ତୁଣ୍ଡ ଖୋଲୁଛି।

ହେଇତ ସେଦିନ ରଣଜିତ ବାବୁ ଆସିଥିଲେ। ଆନନ୍ଦ ଉଲ୍ଲାସର ଅବତାର ସତେ କି ! ସୁନ୍ଦର ଚେହେରା। ସୁନ୍ଦର ଥଟ୍ଟା ମଜା। ବଢ଼ିଆ ଇଂରାଜୀ କହନ୍ତି। ତେବେ ମୋ ସ୍ୱାମୀ କାହିଁକି ଏତେ ଚୁପ୍‌ଚାପ୍, ଗମ୍ଭୀର, ହିସାବୀ। ଏତିକିବେଳେ ସ୍ୱାମୀ ମୋର କହିଲେ, "ହେ, ଠିଆହୋଇ ରହିଚ କ'ଣ ମ ! ଉଠୁନା, ଚା' ଜଳଖିଆ ଆଣ। ଜାଣିଲ କିଏ ଆସିଚି ! ଖୁବ୍ ବଡ଼ ଜଣେ। ଯାଙ୍କୁ ହୁକ୍ କରିବାକୁ ପଡ଼ିବ।" "ଏଁ, କ'ଣ କହିଲ ହୁକ୍ କି ଫୁକ୍ ମୁଁ ପାରିବି ନାଇଁ ଲୋ ବାବା।" ଏତିକି କହିଲିସିନା ସ୍ୱାମୀଙ୍କର ଦଣ୍ଡକର ସୋହାଗ ମୋତେ ତରଳେଇ ଦେଲା। ଚା' ଜଳଖିଆ ଦେଲି। ପୁଣି ଗଲାବେଳେ ପାଇଲି ତାଙ୍କ ଘରକୁ ବୁଲିଯିବାର ନିମନ୍ତ୍ରଣ।

ପରଦିନ ମୋର ପତି ଦେବତା ମୋର ପରିଶ୍ରମ, ଇଂରାଜୀ ପଢ଼ା, ବିଦେଶୀ ଆଦବ କାଇଦା ଶିଖିବା ସମ୍ପର୍କରେ ଛୋଟକାଟିଆ ଭାଷଣଟିଏ ଦେଇଥିଲେ। ମୁଁ ଇଂରାଜୀ ଶିଖିବାକୁ ହଁ ଭରିଲି। ପୁଣି ରଣଜିତ ବାବୁଙ୍କ ଘରେ ଶ୍ରୀମତୀ ରଣଜିତ୍ ମିଲି ଓ ନିଲିଙ୍କର ଯେଉଁ ସମ୍ଭାଷଣ। ତାପରେ ବାରମ୍ବାର ରଣଜିତ୍ ବାବୁଙ୍କ ସହିତ ଭେଟ ହୋଇଛି। ମିଲି ନିଲିଙ୍କ ଆଗ୍ରହ ତୁଳନାରେ ରଣଜିତ୍ ବାବୁଙ୍କର ମୋ ପ୍ରତି ଥିବା ଆଗ୍ରହ କ'ଣ ମୋର ପତିଦେବତା ବୁଝି ପାରୁନଥିଲେ। ନା ବୁଝି ନ ବୁଝିବାର ଛଳନା କରିଥିଲେ? ଯଦି ସେ ନିଜର ଅସନ୍ତୋଷ ପ୍ରକାଶ କରିଥାଆନ୍ତେ ମୁଁ ଅନ୍ତତଃ ସତର୍କ ହୋଇଯାଇଥାଆନ୍ତି ତ। ମିଲି ନିଲିଙ୍କ ସହିତ ଭରସି କଥା କହିପାରୁ ନ ଥିବା 'ସରୋଜ୍' ମୁଁ 'ରୋଜ୍' ପାଲଟିଗଲି। ନିର୍ବିକାର ଭାବରେ ପଛକୁ ପକାଇଦେଲି ମୋର ସବୁ ମରହଟ୍ଟୀ ଢଙ୍ଗ, କୁସଂସ୍କାର। ସେ ଦିଜଣଙ୍କୁ ଟପି ମୁଁ କେଉଁ ଦିନ ଆଗକୁ ଚାଲିଗଲି ନିଜେ ଜାଣି ପାରିଲିନି।

ଦିନଥିଲା ଲୁଗା ଅଲଗୁଣୀ, ହାଣ୍ଡି, ମାଠିଆ, କଖାରୁ ଲଟା ବଗଡ଼ାଭାତ ଓ ଆଳୁ ଚକଟାକୁ ନେଇ ଘରଣୀ ହୋଇଥିଲି। ପୁଣି ହର୍ଷାଠାରୁ ଘଷା ମୋଡ଼ା ଖାଇବା ବି ଦେହସୁହା ହୋଇଗଲା। ବନ୍ଧା ଛନ୍ଦା ରଖି ଅଧିକ ଦିପଇସା ହାତକୁ ଆସିବାର ମାର୍ଗ ବି ସୁଗମ ହେଲା। ହେଲେ ସତ କହିଲେ, ମୁଁ କ'ଣ ଏଇଆ ଚାହିଁଥିଲି। ମୁଁ ଚାହିଁଥିଲି ଥଣ୍ଟକୁ ଥଣ୍ଟ ଯୋଡ଼ି ବସିଥିବା ଦୁଇଟି ଟିକି ଚଢ଼େଇ। ପାଖରେ କିଚିରି ମିଚିରି କରୁଥିବା ସଦ୍ୟ ଅଣ୍ଡାରୁ ବାହାରିଥିବା ଚଢ଼େଇ ଛୁଆର ସଂସାର। କିନ୍ତୁ ପ୍ରାଚୁର୍ଯ୍ୟ ଭିତରେ ରୁଦ୍ଧ ହୋଇଗଲା ମୋର ଆବେଗର ପାହାଡ଼ୀ ଝରଣା।

ପୁଣି ଆସିଥିଲେ ଶର୍ମା ବାବୁ। ଜନ୍ମରୁ ପ୍ରାଚୁର୍ଯ୍ୟ କୋଳରେ ଲାଳିତ କମ୍ପାନୀର ବଡ଼ ସାହେବ ଜୀବନ ପ୍ରତି ଖେଳୁଆଡ଼ର ଦୃଷ୍ଟିଭଙ୍ଗୀ ନେଇ। ରଣଜିତ୍ ବାବୁଙ୍କ ଭାଷାରେ- "ମୋଷ୍ଟ ସ୍ପୋର୍ଟିଂ ଶର୍ଟ" ନାରୀ-ସମିତିର ଉଦ୍‌ଘାଟନ ଉତ୍ସବରେ ମୁଁ ତାଙ୍କ ଗଳାରେ ଦେଇଥିଲି ଫୁଲମାଳ। ତା ମାନେ ନୁହେଁ ଯେ ମୋର ତାଙ୍କ ପ୍ରତି ସେଦିନ ବିଶେଷ କୌତୂହଳ ଥିଲା। ମୋ ସ୍ଥାନରେ ଯିଏ ଥାଆନ୍ତା ସିଏ ବି ମୁଖ୍ୟ ଅତିଥିଙ୍କୁ ଏଭଳି ସମ୍ବର୍ଦ୍ଧନା ଦେଇଥାଆନ୍ତା। ଏହା ପଛରେ କ'ଣ ମୋ ସ୍ୱାମୀଙ୍କର ମୌନ ସମ୍ମତି ନଥିଲା। ସିଏ ବି ଚାହୁଁଥିଲେ ମୋତେ ଅସ୍ତ୍ର କରି ସାହେବଙ୍କ ସୁନଜରରେ ପଡ଼ିବାକୁ। ନୁହେଁ କି? ତା ନହେଲେ ପରଦିନ ଏତେ ଲୋକଙ୍କର ପ୍ରଶଂସା ଓ ଶୁଭକାମନାକୁ ସେ ସହଜ ଭାବରେ ଗ୍ରହଣ କରିଥାଆନ୍ତେ କିପରି? ନିଜ ପତ୍ନୀ ସହିତ ଶର୍ମାଜୀଙ୍କ ଫଟୋ ଦେଖି ଉଚ୍ଛ୍ୱସିତ ଆନନ୍ଦରେ ପାଗଳ ପ୍ରାୟ ହୋଇଯାଇ ଥାଆନ୍ତେ କିପରି? ତାପରର ଘଟଣା ଅତି ଛୋଟ କିନ୍ତୁ ମୋ ପାଇଁ ଅତି ବିରାଟ, ଅତି ଭୟଙ୍କର। ଶର୍ମା ବାବୁଙ୍କ

ଗାଡ଼ିରେ ନିର୍ଦ୍ୱନ୍ଦ୍ୱରେ ବୁଲି ଯିବାଠାରୁ ଆରମ୍ଭ କରି ତାଙ୍କ ଉପରେ ସମ୍ପୂର୍ଣ୍ଣ ନିର୍ଭର କରି ଟେନିସ୍ ଖେଳ ପର୍ଯ୍ୟନ୍ତ। ଶର୍ମାଙ୍କ ସହିତ ଖେଳିବା ବେଳେ ମିଲି ନିଲିଙ୍କର ଈର୍ଷାନ୍ୱିତ ଟିପ୍‌ପଣୀ ଏବେ ବି ମୋର ମନେ ପଡ଼ିଯାଉଛି। ତାପରେ ଯଦି ବା ମୁଁ ଶର୍ମାଙ୍କ ଆଡ଼କୁ ଆକର୍ଷିତ ହୋଇଯାଏ ତେବେ ସେଥିରେ ଅସ୍ୱାଭାବିକତା କ'ଣ ରହିଲା ? ଶିକ୍ଷିତ ସୁନ୍ଦର ତଥା ଭଦ୍ର ଶର୍ମାସାହେବ। ଆଉ ଆପଣମାନେ ତ ଜାଣନ୍ତି ଧନର ପ୍ରାଚୁର୍ଯ୍ୟ ଭିତରେ ମୁଁ କେତେ ନିସ୍ୱ। ପତିସୋହାଗ ଦୂରେ ଥାଉ ପଦେପଦେ ସମୟର ସଦୁପଯୋଗ ପାଇଁ ଉପଦେଶ ବ୍ୟତୀତ ମୁଁ ପରିବାର କହିଲେ କିଛି ବୁଝେନା। ମନେ ଅଛି ନାଁ ଥରେ ସଫା ସୁତୁରା ହୋଇ ଯାଇଥିଲି ମହାପାତ୍ରଙ୍କ ଘରକୁ ବୁଲି। ବାସ୍ ତା'ପରେ ତ ସବୁଠି ମୁଁ ସବୁରି ଆକର୍ଷଣର କେନ୍ଦ୍ରବିନ୍ଦୁ। ସେ କେବଳ ମୋର ଭାଗ୍ୟବାନ ସ୍ୱାମୀ ମାତ୍ର। ତେବେ ମୋର ସ୍ୱାସ୍ଥ୍ୟ ଓ ସୌନ୍ଦର୍ଯ୍ୟ ତ ମୁଁ ତିଆରି କରିନି। ମୁଁ ତାକୁ ପାଇଛି ପିତୃପୁରୁଷର ଉତ୍ତରାଧିକାର ସୂତ୍ରରେ। ମୋର ଯଦି ସେତିକି ଗଢ଼ିବାର କ୍ଷମତା ଥାଆନ୍ତା ତେବେ ୪ ଫୁଟ ୯ ଇଞ୍ଚର ଖର୍ବକାୟ ମଣିଷଟିକୁ ଧରି ସାରା ଜୀବନ ଆତ୍ମହୀନମନ୍ୟତାର ସହୁଥାଆନ୍ତି କାହିଁକି ? ତାଙ୍କୁ ତ କନ୍ଦର୍ପପରି ସୁନ୍ଦର କରି ଦେଇପାରିଥାଆନ୍ତି। ସବୁ ସତ୍ତ୍ୱେ ତାଙ୍କର ମୋ ପ୍ରତି ଅନାସକ୍ତ ମନୋଭାବହିଁ ମୋତେ ବେଶି କଷ୍ଟ ଦେଉଥିଲା ତାଙ୍କର ଚେହେରା ନୁହେଁ। ତେଣୁ ଶର୍ମାଙ୍କ ସହିତ ମୋର ସମ୍ପର୍କ, ଯାହାକୁ ଆପଣମାନେ ସାମାଜିକ କଳଙ୍କ ବୋଲି ଭାବନ୍ତି ମୋ ମତରେ ତାହା ଏକ ସ୍ୱାଭାବିକ ପ୍ରତିକ୍ରିୟା ଯାହାର ପରିଣତି ଶାମୁକା ଗର୍ଭରେ ମୁକ୍ତା ପରି ମୋ ଜଠରରେ ମୁକ୍ତିର ବାଟ ଖୋଜିଥିଲା। ଅଜଣାର ପ୍ରତୀକ୍ଷା ଭିତରେ ଉବୁଟୁବୁ ହେଉଥିଲାବେଳେ ପାପପୁଣ୍ୟ ସ୍ୱର୍ଗ ନର୍କର ଗତାନୁଗତିକ ବିଚାର ମୋତେ ନିର୍ବେଦ କରି ଦେଉଥିଲା। ସେଦିନ ସଲକତଓ୍ୱାଲାର ଭୋଜିରେ ମୋ ମନ ଲାଗୁ ନ ଥିଲା। ସେହି ଦିନହିଁ ଶିକାରୀ ପାଲଟିଥିଲା ଶିକାର। ରଣଜିତ୍ ଶିକାରରୁ ଫେରିଥିଲେ ଶର୍ମାଙ୍କର ମୃତ ଦେହ ଜିପରେ ଧରି। ଶର୍ମାଙ୍କ ମୃତ୍ୟୁ ସମ୍ପର୍କରେ ତାଙ୍କର ସ୍ୱୀକାରୋକ୍ତି ସତ୍ୟକୁ ଢାଙ୍କି ରଖିବାର ବ୍ୟର୍ଥ ପ୍ରୟାସ ଭଳି ମନେ ହେଉଥିଲା। ହେଲେ ଏହା ମୂଳରେ କ'ଣ ମୁଁ ଥିଲି ? ମୁଁ କ'ଣ ତାଙ୍କୁ କହିଥିଲି ମୋ ପାଇଁ ଯୁଦ୍ଧ କରିବାକୁ। ସାଧାରଣ ହିନ୍ଦୁ ଘରର ବିବାହିତା ନାରୀଟିଏ ମୁଁ। ଏସବୁରେ ମୋର ଗୌରବ ନ ଥିଲା, ଥିଲା ଜ୍ୱାଳା। କାରଣ ରଣଜିତ୍ ବା ଶର୍ମା କେହି ଏ ଜନ୍ମରେ ମୋର ନିଜର ହୋଇପାରିବେ ନାହିଁ ଏହା ମୁଁ ବେଶ୍ ଭଲକରି ଜାଣିଥିଲି।

ମୁଁ ଯଦି ଆଜିକାଲିକା ଝିଅ ହୋଇ ଥାଆନ୍ତି ତେବେ ନିର୍ବିକାର ସ୍ୱାମୀଙ୍କୁ ଆପଣାର କରିବାକୁ କେତେ କଳକୌଶଳ କରିଥାଆନ୍ତି। ସାଫଲ୍ୟବାଦୀ ମଣିଷଟା ଯେମିତି ପ୍ରମୋଶନ ପାଇଁ ଜିଇଁଥିଲା ତା'ଠୁ ଦୂରେଇ ଯାଇ ପାରିଥାଆନ୍ତି। ସବୁ କଥାରେ

'ପତି ପରମଗୁରୁ'ର ଓଜନିଆ ଭାବନାଟିଏ ବୋହି ନିଜ ପାଖରେ ନିଜେ ଛୋଟ ହୋଇଯାଇ ନଥାନ୍ତି ତ ! ଯଦି ମୋର ସନ୍ତାନଟିଏ ଥାଆନ୍ତା ମୋ ଜୀବନଟା ଭିନେ ପ୍ରକାର ହୋଇଥାଆନ୍ତା । ସମୟ କେଉଁଠି ହୁଅନ୍ତା ଚାନ୍ଦା ମାଗିବାକୁ ବା ଟେନିସ୍ ଖେଳିବାକୁ । ମୋର ସ୍ରଷ୍ଟା ମୋ କୋଳ ପୂର୍ଣ୍ଣ କରି ପାରିଲେନି କାହିଁକି ? ମୋର ସ୍ୱାଚ୍ଛନ୍ଦ୍ୟ ବା ସ୍ୱାତନ୍ତ୍ର୍ୟ ରହିଲା କେଉଁଠି ? ଯୁଆଡ଼େ ବର୍ଷା ସିଆଡ଼େ ଛତା ଦେଖାଉ ଦେଖାଉ ମୁଁ ଉଡ଼ିଗଲି ଅଦିନ ତୋଫାନରେ । ଏ ତୋଫାନ ଆସିବା ପୂର୍ବରୁ ସ୍ୱାଭାବିକ ଭାବରେ ମୁଁ ବି ମା' ହୋଇପାରିଥାଆନ୍ତି । ସବୁ ଅସ୍ୱାଭାବିକତା ଭିତରେ ସ୍ୱାମୀଙ୍କ ଆଦର ସୋହାଗରେ ସେ କେତେ ଦିନ ମୁଁ ବୁଡ଼ି ଯାଉଥିଲି । ନୂତନ ସୃଷ୍ଟିର ଆନନ୍ଦରେ ଆତ୍ମହରା ହେଉଥିବା ମୂହୂର୍ତ୍ତରେ ହିଁ ଗୁଡ଼ାଏ ଅବସାଦ ମୋତେ ଗ୍ରାସ କରୁଥିଲା ସେ କ'ଣ ମୋ ଭିତରେ ଥିବା ପାପବୋଧ ନାଁ, ପତିଙ୍କ ପ୍ରତି ଥିବା ମୋର ଅନ୍ତରଙ୍ଗତା'ର ପ୍ରତିଫଳନ ! ମୋର ଉଚ୍ଛଳ ପ୍ରାଣ ପ୍ରବାହ କେଉଠି ଅଟକି ଯାଇଥିଲା । ସେଇଠୁ ବି ଅଟକି ଗଲା ମୋ ସ୍ରଷ୍ଟାଙ୍କର ଲେଖନୀ ।

ମୁଁ ସରୋଜିନୀ, ଆଜି ନ୍ୟାୟ ମାଗୁଛି ସମାଜ ଦରବାରରେ । କାହିଁକି ମୁଁ ଅସମାପିକା ହୋଇ ରହିଗଲି ? କାହିଁକି ଭାବପ୍ରବଣତା ଚିରଦିନ ଅନ୍ଧକାରରେ ରହିଗଲା ? ମୋର ସରଳ ବିଶ୍ୱାସରେ ଗରଳ ଭରିଦେବା ପଛରେ କିଏ ଅଛି ? ଭାଗ୍ୟ, ଭଗବାନ, ପରିବେଶ ନା ମୋ ପତି ପରମଗୁରୁ ?

■

'ଦେବୀ' ଯଦି କଥା କହୁଥାଆନ୍ତା !

(ନାଟ୍ୟକାର ବିଜୟ ମିଶ୍ରଙ୍କର ବହୁଚର୍ଚ୍ଚିତ ନାଟକ "ଜଣେ ରାଜା ଥିଲେ"ର ମୂକ ନାରୀଚରିତ୍ର 'ଦେବୀ' - ସମଗ୍ର ନାଟକର ପରିସରକୁ ନିଜର ଯାଦୁକରୀ ସ୍ପର୍ଶରେ ଅଭିଭୂତ କରି ରଖିଥିବା ଏହି ତରୁଣୀ ଯଦି କଥା କହିଥାଆନ୍ତା...)

ମୁଁ ଦେବୀ - ଦୁର୍ଗାପୂଜାର ଅଷ୍ଟଭୁଜା ବା ଦଶଭୁଜା ଦେବୀ ପ୍ରତିମା ନୁହେଁ, ବିଜୟ ମିଶ୍ରଙ୍କର 'ଜଣେ ରାଜା ଥିଲେ' ନାଟକର ମୂକଝିଅ 'ଦେବୀ'। ସାରା ନାଟକରେ ମୋ ମୁହଁରେ ଗୋଟିଏ ପଦ ବି ସଂଳାପ ଦେଇନାହାନ୍ତି ମୋର ସ୍ରଷ୍ଟା - ମୁଁ ଶୁଣିଛି ସେ ସଂଳାପ ରଚନାରେ ଅଦ୍ୱିତୀୟ। 'ତିମିରତୀର୍ଥ'ର ରୂପାବାଈ ତା ଜୀବନର ନିଛକ କାହାଣୀ ଶୁଣାଇ ଦର୍ଶକମାନଙ୍କୁ କନ୍ଦାଇଥିଲା। 'ଜନନୀ'ର ଅନିମା, ଅନୀତା ଓ ଅନୁରାଧା ଯେ ଯାହା କଥା ଶୁଣାଇଗଲେ। 'ଅଶାନ୍ତଗ୍ରହ'ର ମନ୍ଦାକିନୀ କହୁଥିଲା ଯେତିକି ଲୁଚାଉଥିଲା ତା ଠୁଁ ବେଶି। ତେଣୁ ସେ ହେଲା ଅନନ୍ୟା। 'ପ୍ରତୀକ୍ଷା'ର ଶର୍ବରୀ 'ଅସତ୍ୟ ସହର'ର ରୂପା ଥରାଇ ଦେଇ ପାରିଲେ ସମଗ୍ର ନାଟକର ପରିବେଶ। 'ଏଠି ସେଠି ସବୁଠି'ର ସାବିତ୍ରୀ, ସୁମିତ୍ରା ଆଉ 'ଶବବାହକମାନେ'ର ଅଜନ୍ତା କେତେ ଆତ୍ମକୈନ୍ଦ୍ରିକ ଦେଖିଲେତ ? ଭୁଲି ଯାଇଥିଲିତ ? ଭୁଲି ଯାଇଥିଲି 'ତଟ ନିରଞ୍ଜନା'ର କଥା ଗୋଟିଏ ନାରୀ, ତିନୋଟି ରୂପରେ ସେହି ଚିରନ୍ତନ ପ୍ରଶ୍ନର ରୂପାୟନ- ସେମାନେ ଇଚ୍ଛାମତୀ, ସୁଜାତା ଆଉ ଗୋପା ସମସ୍ତେ କଥା କହିଲେ, ସେମାନଙ୍କର ବ୍ୟକ୍ତିଗତ ଜୀବନର ଦୁଃଖସୁଖ ଥିଲା। ପାଇବା ହରାଇବାର ଦ୍ୱନ୍ଦ୍ୱ ଥିଲା। କହିବା ପାଇଁ ପ୍ରବୃତ୍ତି ଥିଲା। ସବୁଠୁ ବଡ଼କଥା ମୋ ପିତା (ବିଜୟ ମିଶ୍ର)ଙ୍କର ସେମାନଙ୍କୁ କଥା କୁହାଇବାର ଜିଦ୍ ମଧ୍ୟ ଥିଲା। ମୋ ବେଳକୁ ଚକ ଓଲଟିଗଲା। ସେମାନେ ଥିଲେ 'ମାନବୀ' କିନ୍ତୁ ମୁଁ 'ଦେବୀ'-ଏମିତି 'ଦେବୀ' ନାଁର ଖୋଳ ଭିତରେ ତ ଯୁଗଯୁଗ ଧରି ନାରୀମାନଙ୍କୁ ମୂକ କରି ରଖାଯାଇଛି' ତାଙ୍କର କହିବା ପ୍ରବୃତ୍ତି ଛଡ଼ାଇ ନିଆଯାଇଛି। ସେମାନଙ୍କର

ପ୍ରବଳ କ୍ରିୟାଶକ୍ତି ସମାଜରେ ବିସ୍ଫୋରଣ ସୃଷ୍ଟି କରିଛି ସତ୍ୟ କିନ୍ତୁ ସେମାନେ ରହିଯାଇଛନ୍ତି ମୂକ ହୋଇ - ଛାଡ଼ ଏଥର ପ୍ରସଙ୍ଗକୁ ଆସେ।

ମୋର କିଛି ବ୍ୟକ୍ତିଗତ ଜୀବନ ନାହିଁ। ଦୁଃଖସୁଖ ସବୁ ଏକାକାର। ଯେଉଁଠି ସେଠି ବସିପଡ଼ି ଆଙ୍ଗୁଠିରେ ତଳେ ଗାର ଟାଣିବା ମୋର ଅଭ୍ୟାସ। କେମିତି ମୁଁ ଜନମାନବହୀନ ଗୁମ୍ଫା ଦୁଆରେ ପହଞ୍ଚିଲି। କେମିତି ମୋ ହାତବାଜି ଗୋଟି ଗୋଟି ଓଟ ମୁହଁ ମଣିଷ ମୁହଁରେ ପରିଣତ ହେଲେ ମୁଁ ଜାଣେ ନା। ଲକ୍ଷ୍ମୀ, ଦୁର୍ଗା ପ୍ରଭୃତି ନାମ ମୋ ପାଇଁ ସେହି ଜ୍ଞାନୀ ମଣିଷମାନେ ବାଛିଥିଲେ। ହେଲେ ଦୈବୀ ପ୍ରେରିତ ବୋଲି ମୁଁ ହେଲି 'ଦେବୀ'। ତିନି ବୁଦ୍ଧିମାନ୍ ବ୍ୟକ୍ତି ଧୂରନ୍ଧର, ବିଦ୍ୟାଧର ଓ ବିଶାଳ ବାହୁ ମୋତେ ଦଣ୍ଡ ଦେଇଥିଲେ, ବୁଝାଇ ଥିଲେ, ଆଦର କରିଥିଲେ। ମୋର ଅଙ୍କାବଙ୍କା ରେଖା ଭିତରେ ସେମାନଙ୍କର ମୁକ୍ତିର ସୂତ୍ର ଅଛି କି ବୋଲି ପ୍ରଶ୍ନ କରିଥିଲେ, ହେଲେ ମୁଁ ନୀରବ ଥିଲି। ଯେଉଁଦିନ ନିରଞ୍ଜନ ସହିତ ମୋତେ ସେମାନେ ରାଜପୁରୀକୁ ପଠାଇଥିଲେ, କି କରୁଣ ଥିଲା ସେମାନଙ୍କର ମିନତି ! ସାଧାରଣ ମଣିଷ ଭାବେ ବଞ୍ଚିରହିବାର କି ଆକୁଳତା ଥିଲା ସେମାନଙ୍କ ଆଖିରେ !

ହେଲେ ମୋ ଦେହରେ ସନ୍ନ୍ୟାସିନୀର ପୋଷାକ। ମୋ ମୁହଁଟା ଥିଲା ମଣିଷର ମୁହଁ ମୁଁ ଅବଶ୍ୟ ଦର୍ପଣ ଦେଖିନି। କିନ୍ତୁ ଆମର ମଣିଷ ମୁହଁ ପାଇଁ ତ ଓଟମୁହାଁ ରାଜାର ପ୍ରଜାମାନେ ଧାଇଁ ପଳାଉଥିଲେ। ଆଶ୍ଚର୍ଯ୍ୟରେ ଅନାଉଥିଲେ। ମଣିଷ ମୁହଁ ସେମାନଙ୍କ ଚିନ୍ତାରେ ଏତେ ଅସ୍ୱାଭାବିକ ଥିଲା ଯେ ନିରଞ୍ଜନକୁ କିଛି ରୋଗ ହୋଇଥିଲା କି ବୋଲି ସେମାନେ ପଚାରୁଥିଲେ। ପ୍ରଥମେ ନିରଞ୍ଜନ ମନ୍ତ୍ରୀ, ସାଧବ, ସେନାପତି ପ୍ରଭୃତିଙ୍କୁ କହିଥିଲା- "ମୁଁ ଔଷଧ ଆଣିଛି। ଏକାପାନକେ ଓଟମୁହଁରୁ ମଣିଷ ମୁହଁ।" ସେ ଔଷଧ ଥିଲି ମୁଁ। ନିରଞ୍ଜନର ଅନୁରୋଧ କ୍ରମେ ମନ୍ତ୍ରୀ ମୋତେ ଛୁଇଁଥିଲେ। ତାପରେ ଓଲଟି ଯାଇଥିଲା ସମଗ୍ର ପରିବେଶ। ମନ୍ତ୍ରୀଙ୍କ ପରି ସେନାପତି ମଧ୍ୟ ମୋତେ ସ୍ପର୍ଶ କରି ତାଙ୍କର ତରବାରି ଖୋଜିବାକୁ ଆରମ୍ଭ କଲେ। କଟୁଆଳ ସେ ଉଭୟଙ୍କୁ ସ୍ପର୍ଶ କରିବାପରେ ଅନୁଭବ କଲେ ଯେ, ସେ ରାଜାଙ୍କର କିଣା ଗୋଲାମ। ମୋଠି ଏତେ ଶକ୍ତି କୋଉଠୁ ଆସିଲା ସତେ ! ଏ କ'ଣ ଚୁମ୍ବକର ଶକ୍ତି ନାଁ ସେହି ଦୈବୀ ପ୍ରେରିତ ଦେବୀର ଇଚ୍ଛା ଶକ୍ତି !! ମୋର ନିଶାରେ ସମସ୍ତେ ଆଚ୍ଛନ୍ନ, ଏକ ସୁଖଦ ସମୟର କଳ୍ପନାରେ ବିଭୋର। ରାଜାଙ୍କ ନଜରରୁ ମୋତେ ଓ ନିରଞ୍ଜନକୁ ଲୁଚାଇ ରଖିବାକୁ ସମସ୍ତେ ତତ୍ପର। ବେଶି ତତ୍ପର ମହାରାଣୀ ପୁତ୍ତଳିକା। ସେ ଗୋଟାଏ ଦିବ୍ୟ ଆଶାର ସମ୍ପୂର୍ଣ୍ଣ ବିକାଶ ଦେଖିବାକୁ ଇଚ୍ଛୁକା। ମୋ ସଂସ୍ପର୍ଶରେ ଆସି ରାଣୀ ସ୍ୱପ୍ନ ଦେଖୁଛନ୍ତି କାଚପେଡ଼ି ଭାଙ୍ଗି ତାଙ୍କର ସାଇତା କଣ୍ଢେଇଗୁଡ଼ାକ ବିଦ୍ରୋହ ଘୋଷଣା

କରୁଛନ୍ତି । ରାଜାଙ୍କୁ ବୁଝାଉଛନ୍ତି ଯେ, ତାଙ୍କର ପତନର ସମୟ ଆସନ୍ନ-ସମସ୍ତେ ମୋତେ କଥା କୁହାଇବା ପାଇଁ ଚେଷ୍ଟା କରୁଛନ୍ତି । ରାଣୀ କୁହନ୍ତି- 'ସେ କ'ଣ ଆମ ଅବରୁଦ୍ଧ ସ୍ୱରର ପ୍ରତୀକ ?' ମନ୍ତ୍ରୀ- 'ନା, ଛନ୍ଦହୀନ ଗୀତର ସ୍ୱର ।' ସମସ୍ତଙ୍କୁ ଚକିତ କରି ନିରଞ୍ଜନ ଘୋଷଣା କରେ "ଛୁଇଁଦେଲେ ଯଦି ସବୁ ବଦଳିଯାଏ କଥା କହିଲେ ସବୁ ହସି ଉଠିବ ।" ନିରଞ୍ଜନ ମୋତେ ସିଂହାସନ ପଛରେ ଲୁଚାଇ ଦେଇ ଜଙ୍ଗଲକୁ ଯାଇଛି । ସମସ୍ତଙ୍କର ବିବେକ ଓ ଚେତନାକୁ କାଳେ ମୁଁ ବଞ୍ଚାଇ ରଖିପାରିବି ।

ତେବେ ସିଂହାସନ ତ ମୋ ହାତ ପାହାନ୍ତାରେ ନୁହେଁ । ସିଂହାସନ କ୍ଷମତାର ପ୍ରତୀକ-ମୋଠୁଁ ଯୋଜନ ଯୋଜନ ତା'ର ଦୂରତା-ଯଦିଚ ମୁଁ ତା ପଛରେ ଲୁଚିବାକୁ ବାଧ୍ୟ ହୋଇଛି, ଯଦି ସିଂହାସନକୁ ମୁଁ ଛୁଇଁ ପାରୁଥାଆନ୍ତି ତେବେ ରାଜା ତ ରାଜା ରାତି ବଦଳି ଯାଇଥାଆନ୍ତେ । ଏତେ ଲୁଚକାଳି ଖେଳର ପାଲା ଚାଲିଥାଆନ୍ତା କାହିଁକି ? ଦେଖିଲ, ସମସ୍ତେ ଜାତୀୟ ସଙ୍ଗୀତ ପାଶୋରି ଦେଲେଣି । ପଦ ଠିକ୍ ପଡୁନି । ବେତାଳିଆ ଶୁଭୁଛି । ନିରଞ୍ଜନ ଫେରିଛି ବିଦ୍ୱାନମାନଙ୍କ ଠାରୁ ନୂତନ ଜାତୀୟ ସଙ୍ଗୀତ ନେଇ । ରାଜାଙ୍କ ସମ୍ମୁଖରେ ରାଣୀ ନିରଞ୍ଜନ ହାତ ଧରି ପଦାକୁ ଯିବାପାଇଁ ଶକ୍ତି ସଞ୍ଚୟ କରିଛନ୍ତି । 'ପୁତ୍ତଳିକା ବ୍ୟତୀତ ଦ୍ୱିତୀୟ ଶବ୍ଦ କହି ନଥିବା ରାଣୀ ପ୍ରଗଲ୍‌ଭା ହୋଇ ଉଠିଛନ୍ତି । ତାଙ୍କର ହସ ବନ୍ଦ ହେଉନି । ସମସ୍ତେ ଏକତ୍ରିତ ହୋଇ ରାଜା ସୁରେନ୍ଦ୍ର ପ୍ରତାପଙ୍କୁ ସିଂହାସନଚ୍ୟୁତ କରିଛନ୍ତି । ସବୁରି ମୁହଁ ଓଟମୁହଁରୁ ବଦଳିଯାଇଛି - ନିରଞ୍ଜନ ହୋଇଛି ନୂଆ ରାଜା ନିରଞ୍ଜନ ପ୍ରତାପ । ହସଖୁସିଆ ମଣିଷଟା ଗମ୍ଭୀର ହୋଇଯାଉଛି- ସମସ୍ତଙ୍କୁ ଆଶ୍ଚର୍ଯ୍ୟ ଚକିତ କରି ରାଜା ନିରଞ୍ଜନ ପ୍ରତାପ ରାଜ୍ୟବାସୀଙ୍କ ପାଇଁ ବାଣୀ ଦେଇଛନ୍ତି- ମଣିଷ ମୁହଁ ପ୍ରଜାମାନେ ଓଟମୁଖା ଲଗାଇବେ କାରଣ ମଣିଷ ମୁହାଁଙ୍କୁ ନେଇ ଶାସନ ଚାଲେନି । ରାଣୀ ରହିବେ ସେହି ପୁତ୍ତଳିକା ହୋଇ, ଆଉ ସେହି ଗୁମ୍ଫାବାସିନ୍ଦାମାନେ ! ସେମାନଙ୍କର ମୁକ୍ତିତ ଦୂରର କଥା - ସେମାନଙ୍କର ମୁଣ୍ଡର ଦାମ ସେହି ତିରିଶ ହଜାର ଜୀବିତ ବା ମୃତ ।

ମୁଁ ଠିଆ ହୋଇଛି ନିର୍ବାକ ହୋଇ - କଥା କହିବାର ଶକ୍ତି ନାହିଁ । କିନ୍ତୁ ମୋର ଅନୁଭୂତି ! ସେ ତ ମୂକ ନୁହେଁ । ମୁଁ କାନ୍ଦିବାକୁ ଆରମ୍ଭ କରିଛି । ପ୍ରଥମେ ଧୀରେଧୀରେ, ପରେ ଜୋରରେ ଛାତି ଫଟାଇ ମୁଁ କାନ୍ଦୁଛି ଦେଖନ୍ତୁ ତ ଆଜିଯାଏ କଥା କହି ନ ଥିଲି, ଦୁଃଖ ନ ଥିଲା । ହେଲେ ମୋର ଏତେ ତପସ୍ୟା ଏତେ ସାଧନା ! ସବୁ ସେହି ଟଳଟଳ ସିଂହାସନ ଆଗରେ ହାର ମାନିଲା ସିନା ! ମୁଁ ଦେବୀ ଆପଣମାନଙ୍କୁ ମୋର କାହାଣୀ କହୁନି । କହୁଛି ସମଗ୍ର ଔଟିକ ପ୍ରଜାମାନଙ୍କର କାହାଣୀ-ସିଂହାସନର କାହାଣୀ-ଯେଉଁ ସିଂହାସନ ପାଇଁ ମୁଁ କାନ୍ଦୁଛି । ହୁଏତ ମୋ କାନ୍ଦ କେବେ ବନ୍ଦ ହେବନି ।

■

ମୋର ଉତ୍ତର ଲୋଡ଼ା

(ସ୍ୱର୍ଗତ ଡଃ ମହତାବଙ୍କ ମାନସ କନ୍ୟା 'ପ୍ରତିଭା' ଉପନ୍ୟାସର ମହିମାମୟୀ ନାୟିକା 'ପ୍ରତଭା'। ଏହି ଉପନ୍ୟାସରେ ସନାତନ ଗୁମାସ୍ତାଙ୍କ ଝିଅ ପ୍ରତିଭାର ଉକ୍ତି- "ମୁଁ ଯେମିତି ସ୍ୱାଧୀନତା ଆନ୍ଦୋଳନକୁ ଅଙ୍ଗେ ନିଭେଇଥିଲି, ନିଜେ ଜଳିଥିଲି, ଅନ୍ୟକୁ ଜଳାଇବାର ଶକ୍ତି ଆହରଣ କରିଥିଲି ସେମିତି କିଏ ଜୀବନ ପଣ କରି ଆନ୍ଦୋଳନକୁ ଆଗେଇ ନେଇଛ କହିଲ ? ମୋ ଭଳି କିଏ ଜୀବନପଣ କରି ବିପ୍ଳବର ବହ୍ନିଶିଖାକୁ ଦେଦୀପ୍ୟମାନ କରି ରଖିଛ କହତ ?)

ମୁଁ ସନାତନ ଗୁମାସ୍ତାଙ୍କ ଝିଅ ଅପୁଛି ଦେଈ। ବୟସ ପ୍ରାୟ ବାର ହେବ। ଶିକ୍ଷା ଅପର ପ୍ରାଇମେରୀ ପର୍ଯ୍ୟନ୍ତ। ଡେପୁଟି ମାଜିଷ୍ଟ୍ରେଟଙ୍କ ପୁଅ ମହେନ୍ଦ୍ରବାବୁ ସେଦିନ 'କଥାବଳୀ' ବହିରୁ ମୋର ଆବୃତ୍ତି ଶୁଣି ଆଉ ମୋର ବାର୍ ତେର ବର୍ଷର କଅଁଳ କିଶୋରୀ ଚେହେରା ଦେଖି ମୁଗ୍ଧ ହୋଇଥିଲେ। ଉପସ୍ଥାନ ଖାତାରେ ଅପୁଛି ଦେଈ କାଟି ନିଜ ହାତରେ ଲେଖି ଦେଇଥିଲେ ପ୍ରତିଭା। ବାସ୍! କଥା କିନ୍ତୁ ସେଇଠି ଅଟକିଲାନି। ପରେପରେ ବିଭିନ୍ନ ପତ୍ର ପତ୍ରିକା ମୋ ପାଖକୁ ଆସିଲା। 'ମୁକୁର'ରେ ପ୍ରକାଶିତ ମହେନ୍ଦ୍ର ବାବୁଙ୍କର ପ୍ରବନ୍ଧ ଓ କବିତା ମୋ ମନରେ ବେଶ୍ କିଛି ପ୍ରଭାବ ମଧ୍ୟ ପକାଇଲା। ବିନା କାରଣରେ ମହେନ୍ଦ୍ର ବାବୁଙ୍କର କୃପାଦୃଷ୍ଟି ପଡ଼ିଲା ସ୍କୁଲ ଉପରେ। ଘର ଛପର ହେଲା, ଚୌକି ମରାମତି ହେଲା। ଆମ ସମୟର ପ୍ରଥା ଅନୁସାରରେ ଘରଯୋଗ୍ୟା ହୋଇ ମୁଁ ପାଠ ଛାଡ଼ିଲି। କିନ୍ତୁ ମୋ ସାନଭାଇ ସିଦ୍ଧେଶ୍ୱର ହାତରେ ପୂର୍ବପରି ମୋ ପାଖକୁ ବହିପତ୍ର ଧରି ଆସିବାକୁ ଲାଗିଲା। ମୋ ମା' ସେଥିପାଇଁ ଥରେ ରଘୁମାଷ୍ଟ୍ରଙ୍କ ସହିତ ଝଟା ପଟା କଜିଆ ବି ଲଗାଇଥିଲା।

ତା'ର ଅଳ୍ପ କେତେଦିନ ପରେ ମୁଁ ଜମିଦାର ରାମହରିବାବୁଙ୍କ କଲେଜ ପଢୁଆ

ପୁଅ ନବୀନଙ୍କ ପାଇଁ ମନୋନୀତ ହେଲି । ବଡ଼ଲୋକ ଘର, ବେଶ ଭୟ ଲାଗୁଥିଲା । ହେଲେ ମମତାମୟୀ ଶାଶୂ ଓ ହସକୁରୀ ନଣନ୍ଦ ଗୌରୀଙ୍କୁ ଦେଖି ମନ ମୋର ପୁଲକି ଉଠିଥିଲା । ଈଶ୍ୱରଙ୍କୁ ସେଥିପାଇଁ ମନଭରି ଧନ୍ୟବାଦଟିଏ ଦେବାକୁ ମଧ୍ୟ ସମୟ ପାଇଲି ନାହିଁ । ନାରୀ ଜୀବନର ବହୁ ଆକାଂକ୍ଷିତ ଚତୁର୍ଥୀ ରାତ୍ରିରେ ମୋର ପତି ମୋତେ ଜୀବନର ନିଷ୍ଠୁରତମ ସତ୍ୟ ଘୋଷଣା ଶୁଣାଇଲେ- "ବିଦେଶୀ ଶାସନର ଅତ୍ୟାଚାରରେ ଲକ୍ଷ୍ୟକୋଟି ଦେଶବାସୀଙ୍କ ଜୀବନ ଯେତେବେଳେ କଣ୍ଟକୀତ ହୋଇ ଉଠୁଛି - ମୁଁ ସେତେବେଳେ ଫୁଲ ଶଯ୍ୟାରେ ସ୍ୱପ୍ନ ଦେଖିବି । ଏତେ ନରାଧମ ମୁଁ ହୋଇପାରିବି ତ ପ୍ରତିଭା ! ବିବାହ ଯଦି ମୋର ହୋଇଥାଏ, ତେବେ ବିପ୍ଳବ ସାଥୀରେ ହିଁ ହୋଇଛି । ମୋତେ ବାନ୍ଧିରଖିଚି ଦେଶସେବାର ନିବିଡ଼ ବନ୍ଧନ । ଜେଲ୍‌ଖାନାର ଅନ୍ଧାରୁଆ ସେଲ୍ ଭିତରେ ମୋର ମଧୁଶଯ୍ୟାର ରାତ୍ରି ଉଦ୍‌ଯାପିତ ହେବ । ଏଠି ନୁହେଁ ।" ତା'ପରେ ମୋ ପାଇଁ ଜ୍ୟୋତ୍ସ୍ନା ଶୀତଳ ରାତ୍ରି ପାଲଟିଗଲା କାଳରାତ୍ରି । ଶାଶୂଙ୍କ କଥା ମାନି ଲଜ୍ଜା ସଙ୍କୋଚ ଭୁଲି ତାଙ୍କୁ ଡାକିବାକୁ ବୈଠକଖାନା ଗଲି । ସେଠାରେ ବି ଶୁଣିଲି ସେଇକଥା ଏ ବିବାହରେ ତାଙ୍କର ହାତ ନ ଥିଲା । ତେଣୁ ବିବାହ ପରର କୌଣସି ଦାୟିତ୍ୱ ତାଙ୍କର ନୁହେଁ । କିନ୍ତୁ ସେ ତ ବୁଝିଲେ ନାହିଁ, ମୋର କ'ଣ ଏଥିରେ ହାତ ଥିଲା ? ସାଧାରଣ ଗୁମାସ୍ତାଘରର ଝିଅ ମୁଁ । ଅଭାବୀ ସଂସାରରୁ ଆସିଥିଲି । ଦିନେ ଦେବାନେବା କଥାରେ ଶାଶୂଙ୍କଠାରୁ ପଦେ କଡ଼ାକଥା ଶୁଣିନି । ଓଲଟି କାନ୍ଦୁଥିଲେ କୋଳକୁ ଟେକି ନେଇଛନ୍ତି । ତାଙ୍କ ପୁଅଙ୍କ ମତିଗତି ଦେଖି ନିଜେ ଭାଙ୍ଗି ପଡ଼ିଛନ୍ତି ସିନା ମୋତେ ଥରକ ପାଇଁ ଦୋଷୀ କରି ନାହାନ୍ତି । ଏମିତି ଦିନ କାଟୁଥିବାବେଳେ ଶୁଣିଲି ସେ ଜେଲ ଯାଇଛନ୍ତି । କଟକ ସହରସାରା ତାଙ୍କର ଜୟ ଜୟକାର । ଖବର କାଗଜରେ ତାଙ୍କର ଅସରନ୍ତି ପ୍ରଶଂସା । ବେଳେବେଳେ ପତ୍ର ପତ୍ରିକାରେ ପ୍ରକାଶିତ ମହେନ୍ଦ୍ର ବାବୁଙ୍କର ଆନ୍ଦୋଳନ ବିରୋଧୀ ମନ୍ତବ୍ୟ ପଢ଼ି ମନ ମୋର ଚହଲିଯାଏ । ଭାବିପାରେ ନାହିଁ କେଉଁଟା ଠିକ୍ । ମହେନ୍ଦ୍ର ବାବୁଙ୍କର ମନ୍ତବ୍ୟ ନା ମୋ ସ୍ୱାମୀଙ୍କର ନିଃସ୍ୱାର୍ଥପର ତ୍ୟାଗ ଓ ଦେଶସେବା । ହେଲେ ଯେଉଁଦିନ ଡେପୁଟି ଚାକିରି ପାଇଁ ମହେନ୍ଦ୍ରବାବୁ ମୋ ସ୍ୱାମୀଙ୍କୁ ଜୋତାରେ କୁଦି ଇଣ୍ଟରଭ୍ୟୁ ଦେବାକୁ ଗଲେ ବୋଲି ଖବରକାଗଜରେ ବାହାରିଲା ମୋ ମନ ବଦଳିଗଲା । ଯେତେ ହାକିମ ହେଲେ ବି ମଣିଷକୁ ପାଦରେ ଦଳିଦେଇ ହାକିମି କରିବା ଓ ସେଥିଲାଗି ବିଦେଶୀ ନିକଟରେ ମୁଣ୍ଡ ବିକିଦେବା କଥାଟା ମୁଁ ବରଦାସ୍ତ କରିପାରୁ ନ ଥିଲି । ଏମିତି ଏକ ବିଚାର-ସଙ୍କଟ ସମୟରେ ଜେଲରୁ ଫେରି ମୋ ସ୍ୱାମୀଙ୍କ ବନ୍ଧୁ ବିରୂପାକ୍ଷ ଓ ପ୍ରକାଶ ଆମର ଅତିଥି ହେଲେ । ତାଙ୍କର ସ୍ୱରାଜ୍ୟ ଆଶ୍ରମ ପୋଲିସ କବଳରେ ଥିବାରୁ ସେ ସମୟର ବିଶେଷ ପ୍ରତିପତ୍ତିଶାଳୀ ଜମିଦାର ମୋ

ଶ୍ୱଶୁରଙ୍କ ଗୃହକୁ ସେମାନେ ନିଜ ପାଇଁ ନିର୍ଭରଯୋଗ୍ୟ ଆଶ୍ରୟସ୍ଥଳ ବୋଲି ବିଚାର କରିଥିଲେ। ପ୍ରଥମରେ ସେମାନଙ୍କୁ ଆଡ଼ ହେଉଥିଲେ ବି ପରେ ସେ ଦୁହିଁଙ୍କର ଆନ୍ଦୋଳନ ସମ୍ପର୍କୀୟ ଚିନ୍ତାଧାରା ମୋତେ ବେଶ ପ୍ରଭାବିତ କରିଥିଲା। ଗରିବମାନଙ୍କୁ ଉପରେ ଜମିଦାରଙ୍କର ଅକଥନୀୟ ଅତ୍ୟାଚାର ଦେଖି ମୋ ମନ ତରଳିଗଲା। ମୁଁ ଗୋପନରେ ପ୍ରଜାମାନଙ୍କ ସହିତ ଯୋଗାଯୋଗ ରକ୍ଷାକଲି। ମୋ ଜୀବନର ଏହି ଦିଗ ପରିବର୍ତ୍ତନର ସଙ୍କେତ ମୋ ଶାଶୂ ବୁଝିପାରି ନ ଥିଲେ ମଧ୍ୟ ଶ୍ୱଶୁରଙ୍କ କ୍ରୁର ଦୃଷ୍ଟି ତାହା ସବୁ ପରଖି ପାରିଥିଲା। ଘରେ ଗାନ୍ଧୀ ମହାତ୍ମାଙ୍କ ଫଟୋ, ମୋର ଆଭରଣହୀନ ଶରୀର ଓ ଖଦଡ଼ ପରିଧାନ ଦେଖି ତାଙ୍କର ଚକ୍ଷୁରେ ସନ୍ଦେହର କଳାଛାଇ ପଡ଼ିଗଲା। କିନ୍ତୁ ଶାଶୂ ମୋର ସେସବୁ ପରିବର୍ତ୍ତନ ମୋର ସ୍ୱାମୀ ବିରହ ଜନିତ ସ୍ୱାଭାବିକତା ବୋଲି ଧରି ନେଇଥିଲେ।

ଯେଉଁଦିନ ଶ୍ୱଶୁରଙ୍କ ଆଦେଶରେ ଖଣ୍ଡେଇତ ଉପରେ ନିର୍ଘାତ ପ୍ରହାର ହେବା ପରେ ସେ ମରିଗଲା, ମୋର ସହିବାର ସୀମା ମଧ୍ୟ ସେଦିନ ଅତିକ୍ରମ କରିଗଲା। ଆଗରୁ ସ୍ୱାମୀଙ୍କ ସହିତ ସାକ୍ଷାତ ହୋଇଥିଲା ସ୍ୱପ୍ନରେ। ଉପଯାଚିକା ହୋଇ ଥରେ ଶାଶୂଙ୍କ କଥା ମାନି ସ୍ୱାମୀଙ୍କ ନିକଟକୁ ଯାଇଥିଲି ତାଙ୍କୁ ସ୍ନେହ ସୋହାଗରେ ବାନ୍ଧି ରଖିବାକୁ। ସେ ତ ମୋତେ ଆଡ଼େଇ ଦେଲେ। ହେଲେ ସେଦିନ କର୍ତ୍ତବ୍ୟର ଅନୁରୋଧରେ ମୁଁ ତାଙ୍କୁ ଲେଖିଲି ମୋର ପ୍ରଥମ ଚିଠି। ପ୍ରେମପ୍ରଣୟରେ ଜୁଡୁବୁଡୁ ସୁବାସିତ ଚିଠି ନୁହେଁ ରୁକ୍ଷ ବାସ୍ତବତାକୁ ଆପଣା କରିବା ପୂର୍ବରୁ ସ୍ୱାମୀଙ୍କ ସମ୍ମତି ପାଇବା ଆଶାରେ ଚିଠି। ପୁରୁଷର ଅନୁଗ୍ରହ ଉପରେ ପୁଣି ପୁରୁଷର ଘୃଣାର ପାତ୍ରୀ ହୋଇ ମୁଁ ଯେ ଘରେ ବନ୍ଦିନୀ ହୋଇ ରହିବାକୁ ଅସମର୍ଥା ଓ ଆନ୍ଦୋଳନରେ ଯୋଗଦେବା ମୋ ପାଇଁ ଏକମାତ୍ର ବିକଳ୍ପ ପନ୍ଥା, ଏହାର ସ୍ପଷ୍ଟ ସୂଚନା ମୁଁ ଚିଠିରେ ଦେଇଥିଲି। ମୋତେ ସଂସାରରେ ବାନ୍ଧି ରଖିଥିବା ଏକମାତ୍ର ଗଣ୍ଠି ସେଦିନ ହୁଗୁଳା ହୋଇଗଲା। ଶ୍ୱଶୁରଙ୍କ ରକ୍ତ ଚକ୍ଷୁର ସମ୍ମୁଖୀନା ହୋଇ ମୁଁ ତାଙ୍କୁ ଓଲଟ ଜବାବ ମାଗିଥିଲି।

ବୋହୂର ଅଧିକାର ନେଇ ମୁଁ ଜାଣିବାକୁ ଚାହିଁଥିଲି, ପ୍ରକୃତରେ ଖଣ୍ଡେଇତକୁ ମାରି ଦିଆଯାଇଛି କି ନାହିଁ। ଶ୍ୱଶୁର ମଧ୍ୟ ମୋଠାରୁ ଏ ଧରଣର କଥା ଆଶାକରି ନ ଥିଲେ ବା ଏ ପ୍ରଶ୍ନର ଉତ୍ତର ଦେବାକୁ ପ୍ରସ୍ତୁତ ନ ଥିଲେ। ତେଣୁ ପ୍ରକାଶବାବୁଙ୍କ ଉପରେ ସବୁତକ ଦୋଷ ଦେଇ ସେ ଫେରି ଯାଇଥିଲେ। ଗ୍ରାମରେ ପ୍ରଜାମେଳି ପାଇଁ ସଭାର ଆୟୋଜନ ହେଲା। ଅନ୍ୟାୟର ପ୍ରତିବାଦରେ ମୁଁ ମଧ୍ୟ ସେଥିରେ ସାମିଲ ହୋଇଗଲି। ଡେପୁଟି ମାଜିଷ୍ଟ୍ରେଟ ମହେନ୍ଦ୍ରବାବୁ ସଭାକୁ ବେଆଇନ୍ ଘୋଷଣା କରିବାକୁ, ଦରକାର ପଡ଼ିଲେ ଲାଠି ଗୁଳିଚାଳନା କରିବାକୁ ସଦଳବଳେ ଉପସ୍ଥିତ ଥାଆନ୍ତି।

ମୋର ଶ୍ୱଶୁର ମଧ୍ୟ ତାଙ୍କର ଯଶୋଗାନରେ ଶତମୁଖ ହୋଇ ଉଠିଥାଆନ୍ତି। ପୁଅ ବ୍ୟତୀତ ତାଙ୍କ ପରିବାର କୌଣସି ସଦସ୍ୟ ଅନ୍ଦୋଳନ ସମ୍ପର୍କରେ ବିନ୍ଦୁବିସର୍ଗ ଜାଣନ୍ତି ନାହିଁ ବୋଲି ବାହାସ୍ଫୋଟ ମାରୁଥାଆନ୍ତି। ଏତିକିବେଳେ ଖଦଡ଼ ଶାଢ଼ି ପରିହିତା ହୋଇ ମୁଁ ସଭା ମଞ୍ଚକୁ ଉଠିଲି। ଜୀବନରେ ପ୍ରଥମଥର ପାଇଁ ଲୋକଙ୍କୁ ଏକଠି ଦେଖିଲି ଯେଉଁମାନେ ବୋହୂ ସାଆନ୍ତାଣୀଙ୍କୁ ଦେଖି ମାଜିଷ୍ଟ୍ରେଟଙ୍କ ଅର୍ଡ଼ରକୁ ଉପେକ୍ଷାକରି ମୋ ମୁହଁରୁ ପଦେ କଥା ଶୁଣିବାକୁ ଇଚ୍ଛୁକ ହୋଇ ଅନାଇଁ ରହିଥାନ୍ତି। ମୁଁ କ'ଣ ଭାଷଣ ଦେଲି ମନେନାହିଁ, ହେଲେ ସମସ୍ତେ ବେଶ୍ ପ୍ରଭାବିତ ହେଲା ପରି ମନେହେଉଥିଲା। ମହେନ୍ଦ୍ରବାବୁ ତାଙ୍କ ଫଉଜ ଫେରାଇ ନେଲେ। ତାଙ୍କ ପ୍ରଦତ୍ତ ନାମ ପ୍ରତିଭା ଯେ ସେଦିନ ସାର୍ଥକତା ଲାଭକଲା ସେଥିପାଇଁ ସେ ମୋତେ ବଧେଇ ଜଣାଇଲେ। ମୋର ଅଲକ୍ଷ୍ୟରେ ମୋର ସ୍ୱାମୀ ସେଦିନ ସଭାରେ ପହଞ୍ଚିଥିଲେ। ମୋର ଶ୍ୱଶୁର ମୋ ପାଇଁ ତାଙ୍କ ମାନସଂଭ୍ରମ ତଳେ ପଡ଼ିଲା ବୋଲି ଚିତ୍କାର କରିବା ସମୟରେ ମୋର ସ୍ୱାମୀ ତାଙ୍କୁ ବୁଝାଇଥିଲି ଯେ ସେଦିନ ଯାଏ ତାଙ୍କ ବଂଶରେ କେହି ଏପରି ମାନସମ୍ମାନର ଅଧିକାରିଣୀ ହୋଇ ନ ଥିଲେ। ବାସ୍ ଏଇଠୁ ସରିଗଲା ମୋର କାହାଣୀ। 'ପ୍ରତିଭା'ର କାହାଣୀ ସ୍ରଷ୍ଟା ମହତାବ୍‌ଙ୍କର ସ୍ୱାଧୀନତା ଆନ୍ଦୋଳନ ଉପରେ ପର୍ଯ୍ୟବସିତ ଉପନ୍ୟାସ 'ପ୍ରତିଭା'ର ନାୟିକା ମୁଁ ଅପୁଛି ଦେଇ। ଜାତୀୟ ଆନ୍ଦୋଳନର ବନ୍ୟାରେ ଭାସିଗଲି ହାତରୁ କାତ ଛାଡ଼ିଦେଇ। ସ୍ୱାମୀଙ୍କୁ ପାଇଲି ସିନା, ସତରେ କ'ଣ ପାଇ ପାରିଲି ମୋ ସ୍ୱାମୀଙ୍କର ନିରୁତା ପ୍ରେମ, ଆବେଗ ଉଚ୍ଛଳ ଆନ୍ତରିକତା, ଯାହା ପ୍ରତ୍ୟେକ ନାରୀର ପରମକାମ୍ୟ।

ଯଶୋଧାରାର ଅପେକ୍ଷାର ପୂର୍ଣ୍ଣଚ୍ଛେଦ ଟାଣି ଗୌତମ ଆସିଥିଲେ ସତ୍ୟ କିନ୍ତୁ ସେ ଗୌତମ ପାଲଟି ଯାଇଥିଲେ ବିଶ୍ୱମାନବ ପାଇଁ ଅହିଂସାର ବାଣୀ ଶୁଣାଉଥିବା ପରମ କାରୁଣିକ ପ୍ରଭୁ ତଥାଗତ। ତେବେ ଯଶୋଧାରାର ସାଧନା ତା'ର ତପସ୍ୟା !

ମୁଁ ସେମିତି ସ୍ୱାଧୀନତା ଆନ୍ଦୋଳନରେ ଝାସଦେଲି ସିନା, ଆଉ ଘରକୋଣରେ ସ୍ୱାମୀଙ୍କୁ ଲୁଚି ଛପି ଦେଖିବାର ଆଗ୍ରହ ମୋର ନ ଥିଲା। ମୁଁ ପାଲଟିଗଲି ତାଙ୍କର ସହକର୍ମିଣୀ। ଏହିଠାରୁ ସରିଗଲା ମୋ ଜୀବନର ଆଶାଆଶଙ୍କାର ତିଳତଣ୍ଡୁଳିତ ଅଧ୍ୟାୟ। ଆଜି ଅନେକ ନାରୀ ସ୍ୱାଧୀନତାର ଦୁଆ ଉଠୁଛି। କିନ୍ତୁ ମୁଁ ଯେମିତି ସ୍ୱାଧୀନତା ଆନ୍ଦୋଳନକୁ ଅଙ୍ଗେ ନିଭେଇଥିଲି ନିଜେ ଜଳିଥିଲି, ଅନ୍ୟକୁ ଜଳେଇବାର ଶକ୍ତି ଆହରଣ କରିଥିଲି ସେମିତି କିଏ ଜୀବନ ପଣକରି ଆନ୍ଦୋଳନକୁ ଆଗେଇ ନେଇଛି କହିଲ ? ସ୍ୱାଧୀନତାର ସ୍ୱର୍ଗଗଙ୍ଗା ମୋରି ମୁଣ୍ଡ ଉପରେ ଦେଇ ଭାରତର ମାଟି ଛୁଇଁଛି। ପ୍ଲାବିତ କରିଛି ସମଗ୍ର ଭାରତ ଭୂଇଁକୁ। ମୋ ଭଳି ଜୀବନ ପଣକରି ବିପ୍ଳବର ବହ୍ନିଶିଖାକୁ

ଦେଦୀପ୍ୟମାନ କରି ରଖିଛି କହ ତ ? ଏ ଅଭିଯୋଗ ମୋର ଆଜିର ନୁହେଁ, ସ୍ୱାଧୀନତା ପରବର୍ତ୍ତୀ ସମୟର ପ୍ରତ୍ୟେକ ତରୁଣୀ ପାଇଁ ମୋର ଅଭିଯୋଗ । ନାରୀଶିକ୍ଷା, ପ୍ରେମବିବାହ, ଅସବର୍ଣ୍ଣ ବିବାହ, ଯୌତୁକ ଦାବି, ସ୍ୱାମୀଙ୍କର ଅବହେଳା, ଶଶୁରଙ୍କ ରକ୍ତଚକ୍ଷୁ ସର୍ବୋପରି ସ୍ୱାଧୀନତା ଆନ୍ଦୋଳନର ଦୁର୍ବାର ସ୍ରୋତ ଏସବୁ ତ ମୋରି ଜୀବନ ଉପରେ ସଂଘଟିତ ହୋଇଛି । ଦୀର୍ଘ ୬୭ ବର୍ଷ ଭିତରେ ଏ ଧରଣର ପରୀକ୍ଷା ଓ ପ୍ରୟୋଗ ଏକକାଳୀନ କାହାଦ୍ୱାରା ହୋଇଛି କି ? ମୁଁ କ'ଣ ଆଜିର ନାରୀମାନଙ୍କ ଠାରୁ ଏହାର ଉତ୍ତର ପାଇବି ? କେତେଦିନ ଏହି ଉତ୍ତର ପାଇଁ ଅନାଇଁଥିବି କୁହ ତ ? ଲୋଳିତଚର୍ମ, ଶୁକ୍ଳ କେଶ ନେଇ ଖଦଡ଼ ଶାଢ଼ୀର ଆବରଣ ସମ୍ଭାଳିବାକୁ ବି ଏ ଶରୀର ଆଜି ଅସମର୍ଥ - ତେବେ ମୋର ଶୀଘ୍ର ଉତ୍ତର ଲୋଡ଼ା ।

■

ଇତିହାସ ପୃଷ୍ଠାରୁ : ମୁଁ ଶୁକଦେଈ କହୁଛି

(କାଳୀଚରଣଙ୍କ ନାଟକ 'ରକ୍ତମନ୍ଦାର'ର ନାୟିକା ମୁକଦେଇଙ୍କ ଆତ୍ମଲିପି)

"ମୁଁ ସେହି ଦେବୀ ଚର୍ଚ୍ଚିକାଙ୍କର ଅଂଶବିଶେଷ। ତୁମ ଭିତରେ ସୁପ୍ତ ରହିଥିବା 'ଶକ୍ତିର' ଆଗ୍ନେୟଗିରିଟିଏ"। କାଳୀ ଚରଣ ପଟ୍ଟନାୟକଙ୍କ ନାଟକ 'ରକ୍ତମନ୍ଦାର'ର ନାୟିକା ରାଣୀ ଶୁକଦେଈ ଚରିତ୍ର ଏକ ପତିହରା ପ୍ରତିଶୋଧ ପ୍ରବଣା ନାରୀଟିଏ। ତେବେ ଶୁକଦେଈଙ୍କୁ ଭୁଲିଗଲେ ଆମେ ନିଜକୁ ଭୁଲିଯିବା ଯେ...।

ମୁଁ ଶୁକଦେଈ, ଧୋବୀ ଦେଈ, ଚେମି ଦେଈ, ମଲ୍ଲୀ ଦେଈ ବା ଗେହ୍ଲୀ ଦେଈ ନୁହେଁ, ବାଙ୍କୀର ରାଣୀ ଶୁକ ଦେଈ। ମନେ ରଖିଚ ମତେ ? କିଏ ଜାଣେ କେବେ ଯଦି ସ୍କୁଲରେ ପଢ଼ିବାବେଳେ ଓଡ଼ିଶାର ନାରୀ ଶକ୍ତି ସମ୍ପର୍କରେ ମୁଖସ୍ଥ କରିବା ଦାରକାର ଥିଲେ, ତୁମ୍ଭେମାନେ ମୋ ନାଁ ଥରେ ଅଧେ ମୁଖସ୍ଥ ମଧ୍ୟ କରିଥିବ। କିନ୍ତୁ ମୋ ଆତ୍ମା ଆଜି ବି ଅମୋକ୍ଷ। ତୁମେ ମୋତେ ଭୁଲିଗଲେ ମୋର ଦୁଃଖ ନାହିଁ କିନ୍ତୁ ମୋତେ ଭୁଲିଗଲେ ତୁମେ ନିଜକୁ ଭୁଲିଯିବ ଯେ ! ମୁଁ ସେହି ଦେବୀ ଚର୍ଚ୍ଚିକାଙ୍କର ଅଂଶବିଶେଷ। ତୁମ ଭିତରେ ସୁପ୍ତ ରହିଥିବା 'ଶକ୍ତି'ର ମୁଁ ଆଗ୍ନେୟଗିରିଟିଏ।

ମୋର ଠିକ୍ ମନେ ଅଛି ଖୋର୍ଦ୍ଧା ରାଜାଙ୍କର ସେ ଦିନର ଅପମାନ... ମୋ ପୁତ୍ର କୁମାର ଦୟାନିଧି ସହିତ ତାଙ୍କର କନ୍ୟା କୁମାରୀ ରସମଞ୍ଜରୀଙ୍କର ବିବାହର ଚୂଡ଼ାନ୍ତ ନିଷ୍ପତ୍ତି ଦିନ। ଖୋର୍ଦ୍ଧାର ରାଜ ପୁରୋହିତ ପରମଗୁରୁ ମହାଶୟ ଫେରି ଗଲେ କୁଣ୍ଡଳ ପାଟଯୋଡ଼ ସହିତ ଶୁଭସମ୍ବାଦର ବାହକ ହୋଇ। ହେଲେ ତା ପରେ କ'ଣ ହେଲା ? କିଏ ଖୋର୍ଦ୍ଧା ରାଜାଙ୍କ ମୁଣ୍ଡରେ ଦୁର୍ବୁଦ୍ଧି ଦେଲା ? ଜାଣେ ସେ ସେତେ ପରାକ୍ରମୀ ନ ଥିଲେ। ତା ବୋଲି ସାମାନ୍ୟ କଳାପଥରର ସେନାନାୟକ ଉତ୍ତର ରାୟ କଥାରେ ପ୍ରଣୋଦିତ ହୋଇ ଯୁଦ୍ଧ ଡାକରା ଦେଲେ। ଅନୁଚିତ ଭାବରେ ଖୋର୍ଦ୍ଧାର ସୀମା ଚିହ୍ନିତ କରିବାକୁ ତାଙ୍କୁ କିଏ ପ୍ରବର୍ତ୍ତାଇଲା ସତରେ ! ସିଏ ବା ନିର୍ବିବାଦରେ ସବୁକଥା ମାନି ନେଲେ କେମିତି ? ଏଥିପାଇଁ ଛୁଞ୍ଚିରେ ଛିଣ୍ଡିବା କଥା କୁରାଢ଼ୀ-କଟୁରୀ

ଯାଏ ଗଲା । ବାଙ୍କକାହାଳୀ ଓ ଟମକ ନାଗରା ବାଜିଲା । ଉଭୟ ପକ୍ଷର ବୀର ସୈନିକ ଯୁଦ୍ଧ ପାଇଁ ସଜ ହେଲେ ।

ଯେଉଁଠି ବିବାହର ଶୁଭବୈଦିକ ଅନୁଷ୍ଠାନ ପାଇଁ ବ୍ୟାକୁଳତା ଦେଖାଦେଇ ଥାଆନ୍ତା, ସେଠି ଯୁଦ୍ଧ ଲାଗିଗଲା । ମୋର ସ୍ୱାମୀ ଗଡ଼ର ଅଧିଷ୍ଠାତ୍ରୀ ଦେବୀ ଚର୍ଚ୍ଚିକାଙ୍କ ମନ୍ଦିରରେ ଯଥାବିଧି ପୂଜା ସାରି ଯୁଦ୍ଧଭୂମିକୁ ବାହାରିଲେ । କିନ୍ତୁ କେଉଁଠି କ'ଣ ତ୍ରୁଟି ରହିଗଲା । ମା'ଙ୍କର ଅଜ୍ଞାପୁଷ୍ପ ଆସିଲା ନାହିଁ । ହିନ୍ଦୁ ରମଣୀ ମୁଁ, ପୁଣି ବୀର ବଧୂ । ହସି ହସି ବିଦାୟ ଦେଲି ସ୍ୱାମୀଙ୍କୁ । ହେଲେ ସେହି ଥିଲା ସ୍ୱାମୀଙ୍କ ସହିତ ମୋର ଶେଷ ଦେଖା । ଅନ୍ୟାୟ ଯୁଦ୍ଧରେ ସେ ମୃତ୍ୟୁମୁଖରେ ପଡ଼ିଲେ । ତାଙ୍କ ମୃତ୍ୟୁରେ ସାରା ରାଜ୍ୟରେ ସମସ୍ତେ ବିବ୍ରତ, ଲୋତକାପ୍ଲୁତ ସମସ୍ତଙ୍କର ଚକ୍ଷୁ । କିନ୍ତୁ ମୁଁ ପଥର ପାଲଟି ଯାଇଥିଲି । କେଉଁଠୁ ଆସିଲା ମୋ ଭିତରେ ଏତେ ପ୍ରତିଶୋଧ ପ୍ରବଣତା । ନାରୀ ମୁଁ ଅନ୍ତପୁରବାସିନୀ । ମୁହୂର୍ତ୍ତକର ଇଚ୍ଛାଶକ୍ତି ବଳରେ କୁମାର ଦୟାନିଧିଙ୍କୁ ପଛରେ ପକାଇ ମୁଁ ସେନାଧକ୍ଷାର ଦାୟିତ୍ୱ ନେଲି, ପତିହନ୍ତାର ପ୍ରତିଶୋଧ ନେବାକୁ । ରଣରଙ୍ଗିନୀ ବେଶରେ ଚାଲିଲି ଯୁଦ୍ଧ ଭୂମିକୁ । ମୋର ଭୀଷଣ ପ୍ରତିଜ୍ଞା କୁଶପଲ୍ଲୀ ଟାଙ୍ଗୀରେ ଗଢ଼ାଯିବ ମୁଣ୍ଡ ଦେଉଳ । ଗୋଟିଏ ଶତ୍ରୁର କଟାମୁଣ୍ଡ ଗୋଟିଏ ପଥରରେ ଖଞ୍ଜା ହୋଇ ତିଆରିହେବ ମୁଣ୍ଡ ଦେଉଳ । ଯାହାର ମୁଣ୍ଡି ମରାଯିବ ଗଜପତିଙ୍କ ଶିରଦ୍ୱାରା । ମୋର ଭୀଷଣ ପ୍ରତିଜ୍ଞା ଫଳରେ ପାଇକମାନଙ୍କ ମନରେ ନୂତନ ଶକ୍ତି ଆସିଲା । ସେମାନେ ବାଙ୍କୀର ହୃତ ଗୌରବ ଫେରାଇ ଆଣିବାକୁ ଏକଜୁଟ ହେଲେ । 'ଜୟଦେବୀ ଭଗବତୀ' ସ୍ୱରରେ ଗଗନ ପବନ କମ୍ପି ଉଠିଲା । ଦେବୀ ଯେପରି କାର୍ଯ୍ୟସିଦ୍ଧି ପାଇଁ ମୋ ବାହୁରେ ଅପରିସୀମ ଶକ୍ତି ଭରି ଦେଲେ । ମନରେ ଦେଲେ ଅମିତ ସାହସ । ମୋ ଆଦେଶରେ ଗଢ଼ାହେଲା ମୁଣ୍ଡଦେଉଳ । ପତି ମୋର ତାଙ୍କ ଜୀବିତାବସ୍ଥାରେ କେତେ ମନ୍ଦିର ଗଢ଼ି ଦେବବିଗ୍ରହ ପ୍ରତିଷ୍ଠା କରିଥିଲେ ହେଲେ ମୋତେ ଗଢ଼ିବାକୁ ହେଲା ମୁଣ୍ଡ ଦେଉଳ । ହାୟରେ ଶୁକ ଦେଇ- କିଏ ବୁଝିଲା ତୋ ହୃଦୟର ନିଭୃତ କନ୍ଦରର ରକ୍ତକ୍ଷରଣ !

ପରିଶେଷରେ ଖୋର୍ଦ୍ଧା ରାଜା ବନ୍ଦୀ ହେଲେ, ସୈନ୍ୟମାନଙ୍କୁ ମୋର ଆଦେଶ ଥିଲା ତାଙ୍କୁ ହତ୍ୟା କରିବାକୁ । ସେମାନେ କିନ୍ତୁ ଏତେ ଅମଣିଷ ନ ଥିଲେ । ବନ୍ଦୀ କଲେ ମହାରାଜାଙ୍କୁ । ଯୁବରାଜ ଦୟାନିଧି ଏଥର କିନ୍ତୁ ମୋର କଠୋର ପରୀକ୍ଷା ନେଲେ । ମୁଁ ଏକାଧାରରେ ରାଜମାତା, ରାଜଭକ୍ତ ପ୍ରଜା, ପୁଣି ସିଂହାସନର ପ୍ରତିଭୂ ଭାବରେ ସେନାଧକ୍ଷା । ବିଚାରଭାର ଅନାୟାସରେ ପଡ଼ିଲା ମୋରି ମୁଣ୍ଡରେ । କି ବିଚାର ମୁଁ କରିବି ? ପତିହୀନା, ଭାଗ୍ୟହୀନା ନାରୀଟିଏ ମୁଁ । ଦୟାନିଧି ରାଜପୁତ୍ର ହେଲେ ମଧ୍ୟ ପିତୃହୀନ, ଅନାଥ । ଖୋର୍ଦ୍ଧାର ରାଣୀ ଓ ସୁକୁମାରୀ ରାଜକୁମାରୀଙ୍କ ମୁଖ ମୋ କଳ୍ପନାରେ

ଭାସି ଉଠିଲା । କି ପ୍ରତିଶୋଧ ମୁଁ ନେବି ? ବିନା ଦୋଷରେ ଆଉ ଗୋଟିଏ ନାରୀ ମଥାରୁ ସିନ୍ଦୂର ପୋଛି ହୋଇଯିବ ସିନା । ପୁରାଣରେ ଦ୍ରୌପଦୀଙ୍କ କଥା ମନେ ପଡ଼ିଲା । ପଞ୍ଚ ସନ୍ତାନ ହରାଇ ବ୍ୟଥିତା ଦ୍ରୌପଦୀ କିନ୍ତୁ ପୁତ୍ରହନ୍ତା ଗୁରୁପୁତ୍ର ଅଶ୍ୱତ୍ଥମାକୁ ମୃତ୍ୟୁଦଣ୍ଡ ଦେଇ ପାରି ନ ଥିଲେ । କାରଣ ସେ ମା'ର ବେଦନା ଅନୁଭବ କରିଥିଲେ । ସମସ୍ତଙ୍କୁ ହତଚକିତ କରି ମୁଁ ଆଦେଶ ଦେଲି ଖୋର୍ଦ୍ଧାର ପାଟଖଣ୍ଡାକୁ ଉପଯୁକ୍ତ ମର୍ଯ୍ୟାଦା ଦିଅ ଓ ମହାରାଜଙ୍କୁ ବନ୍ଧନ ମୁକ୍ତ କର । ହୁଏତ ଦୟାନିଧି ମନେମନେ ତାହା ହିଁ ଚାହୁଁଥିଲେ । ନ ହେଲେ ପ୍ରତିବାଦ ତ କରିପାରି ଥାନ୍ତେ । ଯାହା ହେଉ ଚର୍ଚ୍ଚିକାଙ୍କ ପ୍ରସାଦ ରକ୍ତମନ୍ଦାର ଛୁଇଁ ଖୋର୍ଦ୍ଧା ରାଜା ତାଙ୍କର ଅଲିଅଳୀ ଦୁହିତାକୁ ଦୟାନିଧିଙ୍କୁ ସମର୍ପଣ କରିବେ ବୋଲି ସ୍ୱୀକୃତି ଦେଲେ । ବାଙ୍କୀ ରାଜାଙ୍କ ଜୀବିତାବସ୍ଥାରେ ବି ଏ ପରି ଘଟଣା ସୁରୁଖୁରୁରେ ଘଟିଯାଇ ଥା'ନ୍ତା ତ ! ସବୁ ସୁରୁଖୁରୁରେ ହେଲା, କିନ୍ତୁ ମୋ କଥା ବୁଝିଲା କିଏ ? ଯେଉଁ କଲ୍ୟାଣୀୟ ନାରୀ ପତିହତ୍ୟାର ପ୍ରତିଶୋଧ ନେବା ପାଇଁ ମୁଣ୍ଡ ଦେଉଳ ତୋଳା ଭଳି କଠୋର ପଣ କରିପାରେ, ତା'ର ଶେଷହେଲା କେଉଁଠି ? ସେଇଠୁ କିମ୍ବଦନ୍ତୀ ନୀରବ । ଆଉ ଇତିହାସ ?

ଦୁର୍ଗାବତୀ, ଲକ୍ଷ୍ମୀବାଈ ପ୍ରଭୃତି ନାରୀ ପ୍ରାତଃସ୍ମରଣୀୟା ହୋଇପାରିଲେ । ମୁଁ ରହିଗଲି ସେହି ଶୁକ ଦେଈ ହୋଇ । ସାଧାରଣ ପତିହରା ପ୍ରତିଶୋଧ ପ୍ରବଣା ନାରୀଟିଏ । ତେବେ ତୁମେ ମୋତେ ଭୁଲିଗଲେ ଚଳିବନି । ମୋର ଦୃଢ଼ ମନୋବଳରୁ ତୁମକୁ ଶିଖିବାକୁ ପଡ଼ିବ । ସମୟ ବଦଳି ଗଲାଣି । ଅନ୍ୟାୟକୁ ବରଦାସ୍ତ କରନାହିଁ । ପ୍ରତିବାଦ କର, ପ୍ରତିରୋଧ କର । ସରସ୍ୱତୀଙ୍କର ବୀଣା ଓ ଲକ୍ଷ୍ମୀଙ୍କର ବରଦ ହସ୍ତ ଆଜିର ଆବଶ୍ୟକତା ନୁହେଁ । ଆଜିର ଆବଶ୍ୟକତା ରକ୍ତପିପାସୁ ଦୁର୍ଗା ଦେବୀଙ୍କର ତ୍ରିଶୂଳ । ତୁମ ହାତରେ ସେହି ଅନ୍ୟାୟ ଦମନକାରୀ ଅସ୍ତ୍ର ଦେଖିବି ବୋଲି ତ ଅଶରିରୀ ଆତ୍ମା ମୋର ଆକୁଳ ପ୍ରତୀକ୍ଷା କରିଛି !

■

ମୁଠାଏ ସ୍ୱପ୍ନର ପ୍ରତୀକ୍ଷାରେ 'କେତକୀଗନ୍ଧା'

(ରମେଶ ପାଣିଗ୍ରାହୀଙ୍କର 'ମହାନାଟକ'ର ନାୟିକା କେତକୀ ଗନ୍ଧାର ଆତ୍ମଲିପି)

ମୁଁ କେତକୀଗନ୍ଧା। ହସ୍ତିନା ପୁରର ସମ୍ରାଟ ନରବିଷ୍ଣୁ ପ୍ରବଳ ପ୍ରତାପୀ ସମ୍ରାଟ ବଜ୍ରବାହୁଙ୍କର ମହାରାଣୀ। 'ମହାନାଟକ'ର ନାୟିକା-ବଜ୍ରବାହୁ-ସାମ୍ରାଜ୍ୟର ରଜତ ଜୟନ୍ତୀ ବର୍ଷ ହିଁ ମୁଁ ମୋର ଆତ୍ମକାହାଣୀ ଶୁଣାଇବି ଆପଣମାନଙ୍କୁ। ନାଟ୍ୟକାର ରମେଶ ପାଣିଗ୍ରାହୀଙ୍କର ସୃଷ୍ଟି ମୁଁ କେତକୀଗନ୍ଧା। ହସ୍ତିନାର ପାଟରାଣୀ। ଯେଉଁଠି ହସ୍ତ ଓ ପଦମାନଙ୍କର ଆବଶ୍ୟକତା ଅନୁଭୂତ ହୁଏ ନାହିଁ। କେତେଜଣ ସ୍ତାବକଙ୍କର ଚାଟୁବାକ୍ୟ ଅନୁଯାୟୀ ରାଜ୍ୟର ଶାସନ ଚାଲେ। ରାଜା ବ୍ରଜବାହୁଙ୍କର ସିଂହାସନ ପ୍ରତି ଅସୀମ ମୋହ। ସେ ଚାହାନ୍ତି ହସ୍ତିନାର ନାରୀମାନେ ମତ୍ସ୍ୟ ହୋଇଯାଆନ୍ତୁ। ଦେଶର ମତ୍ସ୍ୟ ସଂକଟ ବେଳେ ରମଣୀମାନଙ୍କୁ ବୁଡ଼ାଇ ଦିଆଯାଉ। କାରଣ ମତ୍ସ୍ୟବିହୀନ ମଣୋହି ଅରୁଚିକର ହେବ। ମତ୍ସ୍ୟପରେ ସନ୍ଦେଶ ଓ ଦୁଗ୍ଧ ପାଇଁ ବିପ୍ଳବ ହେବ ବୋଲି ମଧ୍ୟ ସେ ସୂଚନା ଦେଇପାରନ୍ତି। ଏ ତ ଗଲା ତାଙ୍କ ରାଜ୍ୟ ଶାସନର କେତୋଟି ସାଧାରଣ ନମୁନା ମାତ୍ର। ସେ ଚାହାନ୍ତି କଳିଙ୍ଗ ଦେଶର ରାଜନୈତିକ ଅସ୍ଥିରତା ଦୂର କରିପାରିବେ ଏବଂ ସେଥିପାଇଁ ସେ କଳିଙ୍ଗ ସିଂହର ଲାଞ୍ଜ କାଟି ଆଣିବା ପାଇଁ କଳିଙ୍ଗ ରାଜକୁମାରଙ୍କୁ ଆଦେଶ ମଧ୍ୟ କରିପାରନ୍ତି। ଆଲୋକକୁ ଗୁଳି କରି ସେ ଅନ୍ଧକାରରେ ରାଜକାର୍ଯ୍ୟ ପରିଚାଳନା କରିବାକୁ ସ୍ପର୍ଦ୍ଧା କରନ୍ତି। ପ୍ରକୃତିକୁ ଶାସ୍ତି ଦେବାପାଇଁ ନିଜେ କ୍ଷମତା ସମ୍ପନ୍ନ ବୋଲି ମନେ କରନ୍ତି। ହସ୍ତିନାପୁରର ପଞ୍ଚଶତ ସହସ୍ର ଯୋଜନ ଆକାଶ ଉପରେ ନିର୍ମାଣ କରିବାକୁ ଚାହାନ୍ତି ଏକ ଛାତ ଯାହାକୁ ଟପି ଯେତେ ମୂଷଳ ଧାରାରେ ବର୍ଷା

ହେଲେ ମଧ୍ୟ ହସ୍ତିନା ପୁରରେ ବିନ୍ଦୁଏ ଜଳ ପଡ଼ିପାରିବ ନାହିଁ। ତେଣୁ ହସ୍ତିନାପୁରୀ ବନ୍ଧ୍ୟା ତା'ର ମାଟିରେ ଫସଲର ସମ୍ଭାବନା ନାହିଁ।

ଏ ସବୁ ଭିତରେ ମୁଁ କେତକୀଗନ୍ଧା ପାଲଟି ଯାଇଛି ନିସ୍ତରଙ୍ଗ ପୁଷ୍କରିଣୀଟିଏ। ଉଦ୍ୟାନର ପଞ୍ଜୁରୀରେ ବନ୍ଦ ହୋଇଥିବା ଶାରୀଟିଏ ମୁଁ, ହସ୍ତିନାର ରାଜବଂଶକୁ ଗତିଶୀଳ କରି ରଖିବା ମୋର ପରମ କର୍ତ୍ତବ୍ୟ। କିନ୍ତୁ ମୋର କୋଳଶୂନ୍ୟ। ମୋର ପ୍ରତୀକ୍ଷା ପାଲଟିଛି ଅନ୍ତହୀନ ଧୂସର ପ୍ରତୀକ୍ଷା। ଏଠି ଆକାଶରେ ବୃଷ୍ଟିର କାର୍ପଣ୍ୟ। କାହାରି ଅଭିଶାପରେ ମୋର କୋଳଶୂନ୍ୟ କହିପାରିବ? ଏମିତି ସୁଦିନ ଆସନ୍ତା ଯେଉଁଦିନ ମୋ କୋଳକୁ ଓହ୍ଲାଇ ଆସନ୍ତେ ଦେବଶିଶୁମାନେ। ମୋ ମାତୃତ୍ୱ ସାର୍ଥକ ହୁଅନ୍ତା। ଶରୀର ଅସହାୟତା ଭିତରେ ମୋର ଅସହାୟତା ପ୍ରତୀକିତ ହୋଇ ଉଠୁଛି। କିନ୍ତୁ ରାଜା ବଜ୍ରବାହୁ, ସେ ଯେ କ୍ଷମତାର ଅଗ୍ନି ମଧ୍ୟରେ ପ୍ରମତ୍ତ। କଞ୍ଚନାର ଦୋଳିରେ ଆଦର୍ଶର ସୋମରସ ପିଇ ତାଙ୍କର ଜୈବିକ କ୍ଷୁଧା ଦୂରୀଭୂତ। ସେ ଅପର୍ଯ୍ୟାପ୍ତ ରାତ୍ରି ବାଣ୍ଟିପାରନ୍ତି ତାଙ୍କର ପ୍ରଜାମାନଙ୍କୁ। କିନ୍ତୁ ମୋ ପାଇଁ ସ୍ୱପ୍ନ ମଧ୍ୟ ଦୁର୍ଲ୍ଲଭ। ସବୁଜ କ୍ଷେତ, ପଲ୍ଲବିତ ବସନ୍ତର ମଧୁର ସ୍ୱପ୍ନ କେଉଁଠାଏ ମୋର ଲୋଡ଼ା। କେତେଦିନ ସଖୀମାନଙ୍କର ଚାଟୁବାଣୀ ଶୁଣି ନିଜ ମନକୁ ଭୁଲାଇ ଦେଉଥିବି? ଆଜି କାହିଁକି ମନେ ହେଉଛି ଏ ମଣି ମୁକ୍ତା ସୁବର୍ଣ୍ଣ ପଞ୍ଜୁରୀ ସବୁ ଅର୍ଥହୀନ, ସବୁ ଅକାରଣ ଆଜି ରାଜାଙ୍କର ଶାସନର ରଜତ ଜୟନ୍ତୀ। ହାଟବାଟ ପାନଶାଳା, ପ୍ରମୋଦ ଶାଳା ସବୁଠାରେ ଆନନ୍ଦ ଉଲ୍ଲାସ। ସେଥିରେ ମୋର ଯାଏ କେତେ ଆସେ କେତେ? ମୁଁ ତୀବ୍ର ବେଦନାରେ ଜଳୁଛି। ପ୍ରତିଶ୍ରୁତିହୀନ ରାତ୍ରି ମୋର। ସୀମାହୀନ ଅୟୁତ ଯନ୍ତ୍ରଣାରେ ସ୍ନାୟୁଗ୍ରନ୍ଥି ସବୁ ଉତ୍ତେଜିତ। ସଖୀମାନଙ୍କ ବିଚାରରେ ପ୍ରମୋଦଶାଳାରେ ଚନ୍ଦ୍ର ଜ୍ୟୋତ୍ସ୍ନା ହିଁ ମୋର ଅନ୍ୟମନସ୍କ କରୁଛି ହୋଇଥିବ, ଜହ୍ନର ଗୋଟେ ମାଦକତା ଅଛି ବୋଲି ଶୁଣିଛି। ମୋର ମାଦକତା ବା କ'ଣ ଲୋଡ଼ା? ବରଂ ବୈଶାଖର ରୌଦ୍ରତାପ ବା ଲୋତକର ଶ୍ରାବଣ ମୁଁ ସହ୍ୟ କରିପାରିବି କିନ୍ତୁ ଏ ମଧୁ ମାଦକତାଭରା ଚନ୍ଦ୍ରଚକିତ ରଜନୀ ଯେ ମୋ ପାଇଁ ଅସହ୍ୟ! ସଖୀମାନେ ମୋତେ ବୁଝାଉଛନ୍ତି - "ହଜିଥିଲେ ଖୋଜି ଦେବେ, ଭାଙ୍ଗିଥିଲେ ଗଢ଼ିଦେବେ" କିଏ ସେ ମୋତେ ଆଞ୍ଜୁଳାଏ ଶିଶୁର କାନ୍ଦଣା ଦେଇପାରିବ କୁହତ? ମାତୃତ୍ୱର ଯନ୍ତ୍ରଣା ହିଁ ମୋର କାମ୍ୟ, ହେ ମୋର ପ୍ରିୟ ସଖୀଗଣ। ତୁମେ କ'ଣ ମୋର ଶୂନ୍ୟ କୋଳ ପୂର୍ଣ୍ଣ କରିଦେଇ ପାରିବ? ସଖୀମାନେ କହନ୍ତି ଯେ ହସ୍ତିନାର ପ୍ରଜାଗଣ ସମସ୍ତେ ମୋର ସନ୍ତାନ। ମୁଁ ଶତପୁତ୍ରର ଜନନୀ ଗାନ୍ଧାରୀ। କିନ୍ତୁ କିବା ଲୋଡ଼ା ମୋର ସେ ଶତ ପୁତ୍ରର ଯାହା ପାଇଁ ଦିନେ ମହାଭାରତ ସମର ହୋଇଥିଲା। ମୋ ନୟନ ଯେ ନିଦ୍ରାହୀନ। ନିଦ୍ରା କ'ଣ ମୁଁ ଜାଣେନି ସେ କେଉଁ ଦେଶର ଫୁଲ? ତା'ର କେତେ

ପାଖୁଡ଼ା ? କିଭଳି ରଙ୍ଗ ବା ବାସ୍ନା । କୁହତ ସଖୀ, ମୁଁ କେବେ ସ୍ୱପ୍ନ ଦେଖିଥିଲି ପାଶୋରି ଗଲିଣି । ମୋର ନିଦ୍ରା ଲୋଡ଼ା, ସ୍ୱପ୍ନ ଟିକେ ଲୋଡ଼ା । ସ୍ୱପ୍ନ ଏକ ନବଜାତକର । ସଖୀମାନଙ୍କର ଇଚ୍ଛା ମୋ ଲାଗି ସ୍ୱପ୍ନ କିଣି ଆଣନ୍ତେ । କିନ୍ତୁ ସ୍ୱପ୍ନ କ'ଣ କିଣା ବିକା ହୋଇପାରେ ? ସେ କ'ଣ ବ୍ୟବସାୟର ଜିନିଷ । କିଏ ଜାଣେ ? କେତକୀଗନ୍ଧା ପାଇଁ ରାତ୍ରି ସବୁ ନିଦ୍ରାହୀନ । ସ୍ୱପ୍ନ ଅବା ଆସିବ କୁଆଡୁ ? ଯଦି ବା ମୁଁ ସ୍ୱପ୍ନ କିଣିବି ତା'ର ମୂଲ ବା ମୁଁ ଜାଣିବି କେମିତି ?

ଦ୍ୱିତୀୟ ସଖୀଠାରୁ ସମ୍ବାଦ ପାଇଲି ଅବନ୍ତୀର ସୌମ୍ୟ ଦର୍ଶନ ସାଧବତନୟ ଆସିଛି । ତା ଦେହର ମର୍କତ ରଙ୍ଗର ଜରିପାଟ । ଶିରରେ ମୁକୁଟ । ବାଜୁବନ୍ଧରେ ସୁବର୍ଣ୍ଣ ଖଚିତ । ସେ ବଂଶୀ ବଜାଉଛି । ଅବନ୍ତୀର ସବୁ ଚମ୍ପାଗଛରୁ ଝାଡ଼ି ସ୍ୱପ୍ନ ଆଣିଛି । ହସ୍ତିନାନଗରରେ ବିକ୍ରୀ କରିବ । ମୋର ଯେ ଗୋଟିଏ ମାତ୍ର ସ୍ୱପ୍ନମୟ ରାତ୍ରି ଲୋଡ଼ା । ସେ ଯାହା ଚାହିଁବ ଧନରତ୍ନ ମୁକ୍ତା, ମାଣିକ ମୁଁ ସବୁ ଦେବି । ରାଣୀହସପୁରର ସମସ୍ତ ସମ୍ପଦ ମଧ୍ୟ ଅଜାଡ଼ି ଦେବି ତା ପାଦତଳେ ନିର୍ବିକାର ଭାବରେ । କିନ୍ତୁ ଅବନ୍ତୀ ସାଧବ ଚାହେଁ –

"ସ୍ୱପ୍ନ ବିନିମୟେ ଗୋଟିଏ ହୃଦୟ
ଯେଉଁ ନାରୀ ଦେଇପାରେ ଅନ୍ତରର ସବୁ ଅନୁଭୂତି
ପ୍ରେମ ଇର୍ଷା କରୁଣା ଓ କୋହ
ଅବନ୍ତୀ ସାଧବ ଦିଏ ତାକୁ ଖାଲି ସପନର ମୋହ ।"

ମୁଁ ସ୍ୱପ୍ନ କାଙ୍ଗାଳିନୀ । ଅବନ୍ତୀ ସାଧବ ପାଇଁ ମୋର ହୃଦୟ, ମନ, ପ୍ରେମ ଇର୍ଷା ସବୁ ଉତ୍ସର୍ଗୀକୃତ । ମୋର ସ୍ୱପ୍ନ ଲୋଡ଼ା । ବିଳମ୍ବ ଅସହ୍ୟ ହେଉଛି ।

ଅବନ୍ତୀ ସାଧବ ମୋର ସମ୍ମୁଖରେ ଉପନୀତ, ସତେ କ'ଣ ସେ ମୋର ସବୁ କାମନାମାନଙ୍କର ଦେହଧାରୀ ମୂର୍ତ୍ତି ଅବା କେଉଁ ଶାପଗ୍ରସ୍ତ ଦେବତା, ଏତେଦିନ ପରେ ମୋ ମନର ଉଷର ଭୂଇଁରେ କାମନାର ଆଦ୍ୟ ବାରିପାତ ହୋଇ ଓହ୍ଲାଇ ଆସିଛନ୍ତି । ସେ ମୋତେ ପ୍ରଣାମ କଲେ । ମୁଁ ଉଚ୍ଚକିତ ହେଲି, ଇଏ କ'ଣ ସେହି ଅନୁରାଗମୟ ବସନ୍ତ ମୁଁ ଯାହାର ପ୍ରତୀକ୍ଷାରେ କାଟିଚାଲିଥିଲି ଅଗଣିତ ନିଷ୍ଫଳା ରଜନୀ । ସେ ସ୍ୱପ୍ନ ବିନିମୟରେ ଚାହିଁଥିଲେ ଏକ ବିମୁକ୍ତ ହୃଦୟ । କିନ୍ତୁ ମୋର ହୃଦୟ ଯେ ହାହାକାରମୟ । ଅବନ୍ତୀ ସାଧବ କୁହନ୍ତି ହତାଶ ବୁକୁରେ ସ୍ୱପ୍ନର ଚାରାରୋପଣ କରିବା ତାଙ୍କର ବ୍ୟବସାୟ । ସେ ଚାହାନ୍ତି ପ୍ରମୋଦଶାଳା ଜନଶୂନ୍ୟ ହେଉ । ସେହି ଶୂନ୍ୟତା ମୋ ଜୀବନ ଧନ୍ୟ କରିଦେଉ, ସ୍ୱପ୍ନମୟ କରିଦେଉ ମୋର ନିଜସ୍ୱ ପୃଥିବୀକୁ । ମୁଁ ଚକ୍ଷୁ ବୁଜିଛି ଆବିଷ୍ଟ ମୁଦ୍ରାରେ । ସ୍ୱପ୍ନରେ ଭରିଯାଇଛି ମୋର ଜୀବନପାତ୍ର । ଭଜି ଯାଇଛି

ମୋ ମନର ଧୂସର ଦିଗନ୍ତ। ଏକଥା ସାରା ହସ୍ତିନାପୁରୀର ପ୍ରଜା ଧୁଣିଛନ୍ତି। ଧୂର୍ତ୍ତ ନାପିତଠାରୁ ରାଜା ବଜ୍ରବାହୁ ମଧ୍ୟ ଏ ଖବର ପାଇଛନ୍ତି। କିନ୍ତୁ ସ୍ୱପ୍ନର ଅର୍ଥ ବୁଝିବାକୁ ଅକ୍ଷମ ମହାରାଜ ପ୍ରଶ୍ନ କରିଛନ୍ତି, "ସ୍ୱପ୍ନ। ସେ ଶାଢ଼ୀ ଅତି ସୁନ୍ଦର ତା'ହେଲେ, କ'ଣ ବନାରସୀ ପରି" ତେବେ ତୁମେ କୁହ। ମୋର ଏହି ସ୍ୱପ୍ନିଳ ଅନୁଭୂତିକୁ କାହାକୁ ମୁଁ କହିଥାଆନ୍ତି। କାହାର ବା ବେଳଅଛି ଶୁଣିବାକୁ ଆବେଗଭରା ମୋ ସ୍ୱପ୍ନର କାହାଣୀ।

ଥରେ ସଖୀମାନଙ୍କ ନିକଟରେ ପିତ୍ରାଳୟ ବୈଶାଳୀର ସ୍ମୃତି ଶୁଣାଉଥିଲି। ବୈଶାଳୀର ପୁଷ୍ପ ବାଟିକାରେ ଚନ୍ଦ୍ରଚକିତ ରଜନୀରେ ମୁଁ ସ୍ୱପ୍ନ ଦେଖିଥିଲି। ଅଜଣା ଦେଶର ରଜାପୁଅ ମନ୍ତ୍ରୀ ପୁଅ ଅବା ସୌଦାଗର ପୁଅକୁ ଅବଶ୍ୟ ମୋର ମନେ ନାହିଁ। କିନ୍ତୁ ଉଡ଼ନ୍ତା ଚଢ଼େଇ ଭଳି ସେହି ନାମହୀନ ଯୁବକ ସହିତ ଉଡ଼ିଯିବାର ଅନୁଭୂତି ଆଜି ମଧ୍ୟ ମୋ ସ୍ମୃତିରେ ଜୀବନ୍ତ। ଦିଗନ୍ତ ଆର ପାରିରେ ମୁଁ ସଫେଦ ରଙ୍ଗର ସମୁଦ୍ର ଦେଖିଥିଲି ଆଉ ଛୋଟିଆ ବୋଇତଟିଏ ସେହି କ୍ଷୀର ସମୁଦ୍ରରେ ଭାସୁଥିବା ଦେଖିଥିଲି। ଆଉ କିଛି ମୋର ମନେ ନାହିଁ। ସଖୀମାନଙ୍କ ବିଚାରରେ ଯଦି ପ୍ରଜାମାନେ ପ୍ରାଚୁର୍ଯ୍ୟ ମଧ୍ୟରେ ଜୀବନ କଟାନ୍ତେ ତେବେ ମୁଁ ଚିନ୍ତାଶୂନ୍ୟ କ୍ଲାନ୍ତିହୀନ ଜୀବନ ବିତାଇ ପାରନ୍ତି। ମୋର ଇଚ୍ଛା ଏଭଳି ସୁଦିନରେ ମୁଁ ମହାରାଜଙ୍କୁ କହି ପ୍ରମୋଦ ଶାଳାରେ ଏକ କାଚର ମନ୍ଦିର ତୋଳନ୍ତି। ଇନ୍ଦ୍ରଧନୁ ତା'ର ତୋରଣ ହୁଅନ୍ତା। ପ୍ରବାଳ ରାଜ୍ୟର ମୁକ୍ତାରେ ତା'ର ଅଳିନ୍ଦ ନିର୍ମିତ ହୁଅନ୍ତା। ଆଉ ମୁଁ ସେଠାରେ ବସି ବଂଶୀ ବଜାଉଥାଆନ୍ତି। କ'ଣ କହୁଛ ତୁମେମାନେ ସଖୀ! ବଂଶୀ ନୁହେଁ ବୀଣା - ନାଁ ମୁଁ ଭଲପାଏ ବଂଶୀର ମୂର୍ଚ୍ଛନା - ଯେଉଁ ବଂଶୀ ବଜାଇ ଅବନ୍ତୀ ସାଧବ ମୋତେ ଉଇଟ କରିଥିଲା। ମୁଁ ସୁବର୍ଣ୍ଣର ତନ୍ତୁରେ ଝୀନ ଉତ୍ତରୀୟ ବୁଣୁ ଥାଆନ୍ତି ଆଉ ଗାଉଥାଆନ୍ତି ଭିନ୍ନ ଆକାଶର ସଙ୍ଗୀତ। ଯଦି କେବେ ସମ୍ରାଟ ଆସିବେ ମୋର କାଚ ମନ୍ଦିରର ଦ୍ୱାରଦେଶକୁ ମୁଁ ଆଡ଼ ଆଖିରେ ବି ଅନାଇବି ନାହିଁ। ଯଦି ଫେରି ଯାଆନ୍ତି ମୋ କଳ୍ପନାର ଜାଲ ଆଉ ବଂଶୀ ସ୍ୱନର ଆହ୍ୱାନ ନଶୁଣି। ତେବେ ମୋର ବା ଯାଏ ଆସେ କ'ଣ ? ମୁଁ ଅପେକ୍ଷା କରିବି ଆଉ ଏକ ନୂଆ ଅଭିସାର ପାଇଁ। ଯେଉଁଭଳି ଦୂରାଗତ ଅଶ୍ୱଟାପୁ ଶବ୍ଦ ମୋର ବଂଶୀର ମୂର୍ଚ୍ଛନାକୁ ପରାହତ କରିବ। ଅଶ୍ୱ ପୃଷ୍ଠର ସେହି ସୁପୁରୁଷ ହୋଇଯିବ ମୋର ମନର ମଣିଷ। ତାପରେ ଆଉ ମୋର କାଚଘରେ ବନ୍ଦିନୀ ଜୀବନ ଯାପନ କରିବା ଲୋଡ଼ା ହେବ ନାହିଁ। ମୁଁ ଉଛୁଳି ପଡ଼ିବି। ଆବେଗରେ ଅଧୀରା ହୋଇ ତା ପଛରେ ଧାଇଁ ଯିବି। କ୍ଳାନ୍ତ ହୋଇ ଘୁମାଇ ପଡ଼ିବି କେଉଁ ଅରଣ୍ୟ ମଧ୍ୟରେ ତାହା ହିଁ ହେବ ମୋର ଶେଷ ନିଦ୍ରା। ତେବେ ସଖୀ ଏତିକି ଜାଣିବ ମୁଁ ପାଇଛି ଜୀବନର ଶ୍ରେଷ୍ଠ ଉପଚାର। ଯଦି କେବେ ମୋ ମନ ମଣିଷ ଫେରୁଥିବ ସେ ପଥରେ ଢାଳିଦେବ ମୋର ମୃତ

ଦେହ ପାଶେ ଦୁଇ ଟୋପାଲୁହ। ଫିଟିଯିବ ଏ ଜନ୍ମର ବନ୍ଧନ ସମୂହ' ସଖୀ ମୋର- ସତ କହ, ସେହିଦିନ ଆଉ କେତେ ଦୂର ?

ସେ କହିବ ମୋତେ କେତେଦିନେ ସରିବ ମୋ ସ୍ୱପ୍ନ ଦେଖା-ସଞ୍ଚିତ ସ୍ୱପ୍ନ ପସରା କେତେ ଦିନ ବଞ୍ଚାଇବ ମୋତେ। ସତ କୁହ କାହିଁ ସେହି ଅଶ୍ୱ ପୃଷ୍ଠ ଆସୀନ ପୁରୁଷ ? ଯିଏ ମତେ ମୁକ୍ତି ଦେବ କାଚଘରୁ ବନ୍ଧନ କାରାରୁ। କିଏ ମୋତେ ଦେଇପାରେ ସୃଷ୍ଟିର ଯନ୍ତ୍ରଣା, ଆଉ ଶିଶୁର କାନ୍ଦଣା ? କାହିଁ ସେହି ଅବନ୍ତୀ ସାଧବ, ତା'ର କିବା ତୁଟିଗଲା ମୋ'ଠାରୁ ପାଇବାର ଥିଲା ଯା ପାଉଣା ? ମୁଁ ଜାଣିଛି ବଜ୍ରବାହୁ ଅପାରଗ। ବଜ୍ରବାହୁ ଜୀବନ୍ତ ଶ୍ମଶାନ। ଦେଇ ପାରିବେନି ମୋତେ ମୁଠାଏ ସବୁଜ ଘାସ ଆଉ କିଛି ବାସନ୍ତୀ ସପନ। ରାଜରାଣୀ ମୁଁ କେତକୀ ଗନ୍ଧା। ଅବନ୍ତୀ ସାଧବ ମୋ ସପନର ସୌଦାଗର ଲଜ୍ଜା ନାହିଁ କହିବାରେ, ମନ ମୋର ଚିରଦିନ ତା ପାଖରେ ବନ୍ଧା।

■

‘ଲଳିତା’ର ଅଭିମାନ

(କାହ୍ନୁଚରଣଙ୍କର ‘କା’ର ଚରିତ୍ର ଲଳିତାର ସ୍ୱୀକାରୋକ୍ତି)

ମୁଁ ଲଳିତା। ଚମ୍ପୁର ଲଳିତ ଲବଙ୍ଗଲତା ଲଳିତା ନୁହେଁ। ‘କା’ ଉପନ୍ୟାସର ଅନ୍ୟତମ ନାୟିକା। ମୋ ଅପା ନନ୍ଦିକାଙ୍କ ପ୍ରତି ତୁମମାନଙ୍କର ଅଶେଷ ଦରଦ। ତାଙ୍କର ଜୟ ଜୟକାରରେ ମୋ ସ୍ରଷ୍ଟାଙ୍କର ଲେଖନୀ ମୁଖରିତ। ସେ ଅନନ୍ୟା, ଅସାମାନ୍ୟା। ମୁଁ ତାଙ୍କଠାରୁ ଆଠବର୍ଷ ସାନ। ତାଙ୍କର ସଉତୁଣୀ, ଛି... କେଡ଼େ କଦର୍ଯ୍ୟ ସେ ଶବ୍ଦଟା। ମୋର ବିବାହ ପାଇଁ ସବୁଠାରୁ ବେଶି ଆଗ୍ରହ ପ୍ରକାଶ କରିଥିଲେ ମୋର ଅପା। ମୁଁ ବି କେଡ଼େ ବୋକୀ। କେମିତି ରାଜି ହେଲି କହତ ? ଯଦି ସୁନନ୍ଦଙ୍କୁ ମୁଁ ପ୍ରେମ କରିଥାଆନ୍ତି ତେବେ ତ କଥା ଅଲଗା ପ୍ରକାର ହୋଇଥାଆନ୍ତା। ଆଚ୍ଛା ତୁମେ ରାଜି ହୋଇଥାଆନ୍ତ ? ସତ କୁହ। ବରଂ ମୃତଦାର ସ୍ୱାମୀ ସ୍ପୃହଣୀୟ କିନ୍ତୁ ପ୍ରଥମା ପତ୍ନୀ ଥାଇ... ଏକେ ତ ମୁଁ ବାପା ମା’ ଛେଉଣ୍ଡ। ଭାଇ ମୋର ଦରିଦ୍ର। ବହୁ ସନ୍ତାନର ଜନକ। ତଥାପି ମୋ ଭଳି ପରିସ୍ଥିତି ତ ଅନେକଙ୍କର ଅଛି। ତଥାପି ଦ୍ୱିତୀୟା ପତ୍ନୀ ହେବାକୁ କିଏ ପସନ୍ଦ କରୁଛି କହତ ? ବରଂ ବାହା ନ ହୋଇ ଥାଆନ୍ତି। କିନ୍ତୁ ମୋ ଭାଗ୍ୟକୁ ଦେଖ। ଏତେ ଅଘଟଣ କ’ଣ ମୋରି କପାଳକୁ ଥିଲା।

କେବେ ଥରେ ପିଲାବେଳେ ମୁଁ ସୁନନ୍ଦଙ୍କ ଘରକୁ ଯାଇଥିଲି। ସେତେବେଳକୁ ଏ ଧରଣର କଥା କେହି ସ୍ୱପ୍ନରେ ସୁଦ୍ଧା କଳ୍ପନା କରି ନ ଥିଲେ। କିଏ ବା କାହିଁକି ଏଭଳି କଥା ଚିନ୍ତା କରନ୍ତା ଯେ। ନନ୍ଦିକା ଅପାଙ୍କ ଭଳି ସୁନ୍ଦରୀ ସ୍ତ୍ରୀ ଗୁଣବତୀ ବୋହୂ ଯେଉଁ ଘରର ଶିରୀ ସେଠି ତ ବିକଳ୍ପର କଳ୍ପନା ଅବାନ୍ତର। ମୁଁ ପୁଣି ସଂସାର ଅନଭିଜ୍ଞା ଅଳ୍ପ ବୟସ୍କା କିଶୋରୀ ! କିନ୍ତୁ ଯାହା ଅବାନ୍ତର ତାହା ହିଁ ମୋର ଭାଗ୍ୟଲିପି ଥିଲା। ମୁଁ ସୁନନ୍ଦଙ୍କର ଦ୍ୱିତୀୟା ପତ୍ନୀ ସାଜି ଏ ଘରକୁ ଆସିଲି। ମୋର ଆସିବାର ଏକମାତ୍ର ଉଦ୍ଦେଶ୍ୟ ଥିଲା ଏବଂ ବଂଶର ରକ୍ତଧାରାକୁ ପ୍ରବହମାନ କରି ରଖିବା - ଅନ୍ୟ କିଛି ନୁହେଁ। କାରଣ ନନ୍ଦିକା ଅପାଙ୍କ ପରି ସର୍ବଗୁଣ ସମ୍ପନ୍ନା ଦେବୀ ଯାହାର ପତ୍ନୀ ତା

ମନରେ ଆଉ କି ଅତୃପ୍ତି ଥିଲା ଯେ ମୁଁ ପୂରଣ କରିଥାଆନ୍ତି ? ମୁଁ ଅଭାବୀ ଘରର ଝିଅ । ସ୍ନେହ ଆଦର ପାଇ ନ ଥିଲି ଜୀବନରେ । ଭାଇ ଭାଉଜଙ୍କର ଅଭାବଗ୍ରସ୍ତ ପରିବାରରେ ମୋ ପାଇଁ ବା କି ସ୍ୱାଚ୍ଛନ୍ଦ୍ୟ ଥିଲା ? ଏଠି ଆସି ଭଳିକି ଭଳି ଶାଢ଼ୀ ଗହଣାରେ ଭଳିଗଲି, ନନ୍ଦିକା ଅପାଙ୍କର ଆଦର ସୋହାଗରେ ନିଜକୁ ଭାଗ୍ୟବତୀ ମନେ କଲି, ଅପା ମୋ ମୁଣ୍ଡ ବାନ୍ଧି ଦେଉଥିଲେ । ଦେହରେ ଖଞ୍ଜି ଦେଉଥିଲେ ଭଳିକି ଭଳି ଅଳଙ୍କାର । ସାନପିଲା ଭଳି ମୋତେ ଗେହ୍ଲା କରୁଥିଲେ । କିନ୍ତୁ ମୁଁ ବୁଝିପାରି ନ ଥିଲି, ଯାହା ମୁଁ ପତ୍ନୀତ୍ୱର ଦାବି ନେଇ ହାସଲ କରିଥିଲି ତାହା ଥିଲା ନନ୍ଦିକା ଅପାଙ୍କର ହାତଟେକା ଦାନ, ତାଙ୍କର ଉଚ୍ଛିଷ୍ଟ । ମୋ ଭିତର ଦେଇ ତାଙ୍କରି ଇଚ୍ଛା ହିଁ ଫଳବତୀ ହେଉଥିଲା-ଦେଖିଲନି-ସେଦିନ ଭାଇଙ୍କ ଚିଠି ପାଇ ମୋର କି ଅବସ୍ଥା ହେଲା ? କିନ୍ତୁ କାହିଁକି ଟଙ୍କା ବାକ୍‌ସକୁ ମୋ ହାତ ଗଲାନି ତ ? ମୋ ବୋକୀ ପଣିଆଁରୁ ସେ ଚିଠି ବି ନନ୍ଦିକା ଅପାଙ୍କ ହାତରେ ପଡ଼ିଲା । ସେ ନିଜ ବଡ଼ପଣ ଜଗି ମୋ ଭାଇଙ୍କ ପାଖକୁ ହଜାରେ ଟଙ୍କା ପଠାଇଦେଲେ, ତାପୁଣି ମୋତେ ଲୁଚେଇ । ଏ ଭିତରେ ସେ ନିଜର ପ୍ରଶଂସା ଆଶା କରି ନଥିଲେ କି ? ନାଁ ମୋ ଭାଇଙ୍କ ଅଭାବ ପ୍ରକୃତରେ ତାଙ୍କ ହୃଦୟ ତରଳାଇ ଦେଇଥିଲା ?

ମୁଁ ଅଳ୍ପ ଶିକ୍ଷିତା । ନନ୍ଦିକା ଅପାଙ୍କ ଭଳି ଚତୁରୀ ନୁହେଁ । ସେ ଯେତେବେଳେ ମୋତେ ବାରମ୍ବାର ସୁନନ୍ଦଙ୍କର ଦାୟିତ୍ୱଗୁଡ଼ାକ ସମର୍ପି ଦେଉଥିଲେ ତା ଭିତରେ ଯେ ତାଙ୍କର ଦୁର୍ଜୟ ଅଭିମାନ ରହିଥିଲା, ମୁଁ ଅବା ଜାଣନ୍ତି କେମିତି ? ମୁଁ ବି ଝାଳନାଳ ହୋଇ ରୋଷେଇ କରୁଥିଲି । ଚିତା ମୂରୁଜ ଲେଖୁଥିଲି । ଶାଶୂଙ୍କୁ ଘଷିମୋଡ଼ି ଦେଉଥିଲି । ତଥାପି ପରିବାରର ଆଗ୍ରହର କେନ୍ଦ୍ରବିନ୍ଦୁ ମୁଁ ନ ଥିଲି । ତୁମେ ତ ଦେଖୁଛ, କନିଙ୍କ କଥା । ଆମ ଘରର ଆଶ୍ରିତା ସେ । ତଥାପି କନି ଗୋଟାପଣେ ଥିଲେ ନନ୍ଦିକା ଅପାଙ୍କର ପ୍ରଶଂସାରେ ଶତମୁଖ । ମୋ ପାଇଁ ସମସ୍ତେ ଉଦାସୀନ । କେବଳ ସନ୍ତାନଟିଏ ଆଣିଦେବାକୁ ମୁଁ ସମର୍ଥ ବୋଲି ମୋର ଉପଯୋଗିତାକୁ ସ୍ୱୀକାର କରାଯାଉଥିଲା ଯାହା । ସେହି ଅନାଗତ ସନ୍ତାନର ପ୍ରତୀକ୍ଷା ଭିତରେ ମୁଁ ପାଲଟିଗଲି 'କା'ଟିଏ । ଯାହାକୁ ମୁଁ ଛୁଇଁଥିଲି ସବୁଥିରେ ପାଉଥିଲି ଅପାଙ୍କର କୁଶଳୀ ହାତର ସ୍ପର୍ଶ । ତାଙ୍କ ଦେହ ଖରାପ ବେଳେ କେତେ ଯେ ଠାକୁରଙ୍କୁ ଡାକିଛି । କେତେ ରାତି ଅନିଦ୍ରା ହୋଇ ଜଗି ବସିଛି । ଜର ମାପିଛି । ଔଷଧ ଦେଇଛି, କିନ୍ତୁ ସୁନନ୍ଦ ଯେଉଁଦିନ ମୋର ଅନିଚ୍ଛା ସତ୍ତ୍ୱେ ମୋତେ ଆର ଘରକୁ ଟାଣିନେଲେ, ମୋର କି ଚାରା ଥିଲା କହତ ? ମୁଁ ତ ପୁଣି ରକ୍ତମାଂସର ନାରୀଟିଏ । ମୋର ଆଶା ଅଛି, ଆବେଗ ଅଛି, ଦେହର ଦାବି ଅଛି । ସୁନନ୍ଦଙ୍କଠାରୁ ପତ୍ନୀତ୍ୱ ଆଶା କରିବା କ'ଣ ମୋର ଅନ୍ୟାୟ । ମୁଁ ତ ଇଚ୍ଛାକରି ଜବରଦସ୍ତ ତାଙ୍କ

ସଂସାରକୁ ପଶି ଆସିନି । ସମସ୍ତଙ୍କର ମତାମତ ନେଇ ସାମାଜିକ ସ୍ୱୀକୃତି ଭିତରେ ମୁଁ ଏ ଘରେ ପାଦ ଦେଇଛି । ତେବେ ମୋର କି ଅପରାଧ ହେଲା କହ ତ ?

ମୋର ସ୍ରଷ୍ଟା କାହ୍ନୁ ଚରଣ ମୋତେ ଦ୍ୱିତୀୟା କରି ଅଦ୍ୱିତୀୟା କରିଦେଲେ । ମୋ ଗର୍ଭଜାତ ସନ୍ତାନ ପାଇଁ ସାରା ପରିବାର ଉତ୍କଣ୍ଠିତ ଥିଲାବେଳେ ସେ ଅପାଙ୍କୁ ହିଁ ସନ୍ତାନସମ୍ଭବା କରାଇଲେ । ଡାକ୍ତରୀ ବିଦ୍ୟା ଫେଲ୍ ମାରିଲା । ବିଶ୍ୱାସ ଓ ନିଷ୍ଠାର ବିଜୟ ହେଲା । କିନ୍ତୁ ମୋର କ'ଣ ନିଷ୍ଠା ନ ଥିଲା ? ମୁଁ କ'ଣ କାୟମନୋବାକ୍ୟରେ ମୋ ସ୍ୱାମୀଙ୍କର ଗୌରବ ଚାହୁଁ ନ ଥିଲି ? ଅପା ମୋର ସ୍ୱାମୀଙ୍କ ସହିତ ମୋତେ କଟକ ପଠାଇ ଦେଲେ । ସେଠି ମୁଁ କିଛିଟା ସ୍ୱାଧୀନତା ମଧ୍ୟ ପାଇଲି । ହେଲେ ଆଜି ତୁମେମାନେ ସ୍ୱାଧୀନତା କହିଲେ ଯାହା ବୁଝୁଛ ତାହା ନୁହେଁ । ଟିକେ ଓଢ଼ଣା ଖୋଲିଛି । କିଛି ଫଟ ଉଠାଇଛି ଆଉ ସିନେମା ଦେଖିଛି । ଅଧିକା କିଛି ନୁହେଁ । ହେଲେ ଆମ ସମୟରେ ତ ଏଇଟା ସହଜ କଥା ନ ଥିଲା । ତେଣୁ ମୋ ଶାଶୂଘରେ ସ୍ୱାଭାବିକ ଭାବରେ ମୋ ଚାଲିଚଳଣି ନେଇ କେତେ କଥା ପହଞ୍ଚୁ ଯାଉଥିଲା । କିଛିଦିନ ପରେ ମୋର ଭାଇ ଭାଉଜ କଟକ ଆସିଥିଲେ । ମୋତେ ଦେଇଗଲେ ସ୍ୱାମୀଙ୍କୁ ବଶ କରିବା ଓ ଘରଭାଙ୍ଗିବାର କୂଟବୁଦ୍ଧି । ମୋ ଇଚ୍ଛାକୁ ସମ୍ମାନ ଦେବାକୁ ସୁନନ୍ଦ ଜମି ବିକି ଚାଲିଲେ । ବାରମ୍ବାର ଘରକୁ ଯାଇ ଅପାଙ୍କ ଗହଣାଗାଣ୍ଠି ବିକ୍ରି ପାଇଁ ନେଇ ଆସିଥିଲେ । ଏଣେ ମୋର ଅଳଙ୍କାର ବାକ୍ସ ସେହି ଗହଣା ଗୁଡ଼ାକରେ ପୂରି ଉଠୁଥିଲା । ମୁଁ ଏତେ ବୋକୀ ହୋଇ ନ ଥିଲି ଆଉ । ଘରର ସର୍ବମୟୀ କର୍ତ୍ତ୍ରୀ ହୋଇ ଅଣ୍ଟାରେ ଚାବି ଲେଣ୍ଠା ଖୋସି ଘୂରି ବୁଲିବା ପାଇଁ ମୋର ଯେଉଁ ଅପ୍ରକାଶିତ ଅଭିଳାଷ ରହିଥିଲା ତାହା ସୁଯୋଗ ପାଇ ପ୍ରତିଶୋଧ ପ୍ରବଣ ହୋଇ ଉଠିଲା, ଏ କଥା ତ ମୁଁ ଅସ୍ୱୀକାର କରିପରିବି ନାହିଁ । ଗାଁରେ ଶାଶୂ ବେମାର, ଏମିତିରେ ତ ଅପାଙ୍କର ପିଲା ହେବ ବୋଲି ଶୁଣିଲା ଦିନରୁ ମୋ ଶାଶୂ ମୋତେ ସାତପର ଭାବିବାକୁ ଆରମ୍ଭ କରି ଦେଇଥିଲେ, ତୁମେ ସବୁ କୁହ ତ । ଏମିତି ସର୍ବସୁଲକ୍ଷଣୀ ବୋହୂ ନନ୍ଦିକା ଅପାଙ୍କର ପିଲାଛୁଆ ହେବନି ଆଉ ମୋତେ ତାଙ୍କର ସଉତୁଣୀ ସାଜିବାକୁ ପଡ଼ିବ ଏକଥା ତ ମୁଁ ସ୍ୱପ୍ନରେ ସୁଦ୍ଧା ଭାବି ନଥିଲି । ତେବେ ମୋର ଦୋଷ କ'ଣ ? ମୁଁ କ'ଣ ଆଜିକାଲି ଝିଅମାନଙ୍କ ଭଳି ମା' ହେବା ପାଇଁ ଭୟ କରିଥିଲି କି ? ନାଁ ଆମ ବେଳେ ପରିବାର କଲ୍ୟାଣ କାର୍ଯ୍ୟକ୍ରମ ଥିଲା ? ତେବେ ମୁଁ କ'ଣ କରିପାରିଥାଆନ୍ତି ? ଅପା ବେମାର ହେଲେ ଗାଁରେ, ଲୋକେ କହିବେ ମୁଁ କାଳେ ତାଙ୍କ ପାଇଁ ବାଣ ପେଷିଛି । ମୁଁ ବି ଏକଥା ଶୁଣିଛି । ତଥାପି ମୁଁ ନିର୍ବିକାର । ଯିଏ କହିବେ ତାଙ୍କ ତୁଣ୍ଡ ଖରାପ ହେବ ସିନା । "ମୁଁ ତ ନୁହେଁ ମୁଁ କାହାପାଇଁ ଧିଅକୁ ନିଏ" ଲୋକଙ୍କ କଥାରେ ତ ପୁଣି ବାପପୁଅ ଗଧ କାନ୍ଧେଇ

ଥିଲେ। ମୋର କିଏ ଶୁଣୁଛି ସେଇ ସଜମାଛରେ ପୋକ ପକାଇବାର କଥା। ଶେଷରେ ନିଜର ଟାଣପଣ ରଖିବାକୁ ମୁଁ ଶାଶୂଘରକୁ ଆସିଥିଲି। ନନ୍ଦିକା ଅପା ବଂଶର ପ୍ରଦୀପକୁ ଜନ୍ମ ଦେଇ ଆଖି ବୁଜିଛନ୍ତି। ତାଙ୍କ ଟାଣ ରହିଛି। ମୁଁ ତ କେବଳ 'କା'ଟିଏ। ତାଙ୍କର ପ୍ରତିନିଧି ହୋଇ ମାତୃହୀନ ଶିଶୁପୁତ୍ରକୁ ଟୋଳି ନେଇଛି ମୋ ଛାତି ଉପରକୁ। କିନ୍ତୁ ମୁଁ ଯେ ଅସମାପିକାଟିଏ। ଯଦି ଏ ବଂଶର ରକ୍ତଧାରାକୁ ଚିର ପ୍ରବହମାନ ରଖିବା ପାଇଁ ମୋର ଏ ପରିବାରକୁ ଆଗମନ ହୋଇଥିଲା ତେବେ ସେ ଦାୟିତ୍ୱ ତ ମୁଁ ଠିକ୍ ଭାବରେ ତୁଲେଇ ପାରିଲି ନାହିଁ। ମୁଁ ତ ପତିସୋହାଗିନୀ, ରୁଗ୍ଣ ଶାଶୂଙ୍କର ଅଲିଅଳି ଗେହ୍ଲା ବୋହୂ, କନିଙ୍କର ସୁନାଭାଉଜ ହୋଇ ପାରିଲିନି ? ସେହି ନବଜାତକ କିଭଳି ବଞ୍ଚିଲା ? ସେ ମୋତେ ମା'ର ଉପଯୁକ୍ତ ମର୍ଯ୍ୟାଦା ଦେଲା ତ ? ନାଁ ସେଇମିତି ମା'ର 'କା'ଟିଏ ହୋଇ ତା'ର ଅଭିଭାବକ ସାଜିବା ଭିତରେ ମୋର ସାମର୍ଥ୍ୟ ଜମାଟ ବାନ୍ଧିଗଲା। ମୋର ଆବେଗ ଶିଥିଳ ହୋଇଗଲା ? ମୁଁ ଖାଲି କା' ହୋଇ ରହିଗଲି ମୋର ଅଭାବ, ମୋର ଦୈନ୍ୟ, ବିଫଳତା ଓ ଅପାରଗତାର ଇସ୍ତାହାର ସମସ୍ତଙ୍କୁ ଶୁଣାଇବାକୁ ?

ତୁମେମାନେ ଜବାବ ଦିଅ। କ'ଣ ହେଲା ମୋର, କାହିଁକି ମୋଲାଗି ମୋ ସ୍ରଷ୍ଟାଙ୍କ ଲେଖନୀ ନିରବି ଗଲା ?

■

ଆତ୍ମ ସମୀକ୍ଷାର ଲଗ୍ନରେ 'ମାଧବୀ'

(ରମେଶ ପାଣିଗ୍ରାହୀଙ୍କର 'ଜଣେ ମହାପୁରୁଷଙ୍କ ଜନ୍ମ ଓ ମୃତ୍ୟୁ ସଂପର୍କରେ'ର ନାୟିକା ମାଧବୀର ଆତ୍ମଲିପି)

ମୁଁ ମାଧବୀ। ଅଧ୍ୟାପକ କୃଷ୍ଣ ମୋହନ ମହାପାତ୍ର ଏମ୍.ଏସ୍.ସି.ଙ୍କର ଧର୍ମପତ୍ନୀ। ନାଟ୍ୟକାର ରମେଶ ପାଣିଗ୍ରାହୀଙ୍କର ସୃଷ୍ଟି ଏବଂ "ଜଣେ ମହାପୁରୁଷଙ୍କ ଜନ୍ମ ଓ ମୃତ୍ୟୁ ସମ୍ପର୍କରେ" ନାଟକର ନାୟିକା। ମୋ କାହାଣୀ ଆପଣମାନଙ୍କୁ ଶୁଣାଇବି ବୋଲି ତୁଣ୍ଡ ଖୋଲିଛି ଯେତେବେଳେ କୁଆଡୁ ଆରମ୍ଭ କରିବି ଜାଣି ପାରୁନି। ତେବେ ମୋର ସ୍ୱାମୀ ଆଉ ପାଞ୍ଚଜଣ ପୁରୁଷଙ୍କ ଭଳି ନୁହନ୍ତି। ମୋ ସ୍ରଷ୍ଟା ତାଙ୍କୁ ମହାପୁରୁଷ କରି ଗଢ଼ି ତୋଳିଛନ୍ତି। ହସୁଛନ୍ତି କି ? ମୁଁ ସତ କଥା କହିଛି। ଗାନ୍ଧୀ, ବୁଦ୍ଧ, ଯୀଶୁ, ସକ୍ରେଟିସ ବା ଅରବିନ୍ଦଙ୍କ ଭଳି ମହାପୁରୁଷ ନୁହନ୍ତି ସତ କିନ୍ତୁ ନିଜ ବିଶ୍ୱାସରେ ଦୃଢ଼ ରହି ବ୍ୟତିକ୍ରମ ଭାବରେ ବଞ୍ଚୁଥିବା ସେହି ଗବେଷଣା - ପାଗଳ ମଣିଷଟି ମୋର ସ୍ୱାମୀ। ଅନ୍ୟମାନେ ତାଙ୍କୁ ପରିହାସ କରନ୍ତି। ଅସାମାଜିକ କହନ୍ତି। ଦେଖିଲେ ତ, ସେଦିନ ଘର ମାଲିକ ଚନ୍ଦ୍ରଶେଖର ମହାନ୍ତି କ'ଣ କହିଗଲେ ? ଆମ ପଡ଼ୋଶୀମାନେ ଆମକୁ ସହି ପାରନ୍ତିନି। ଅସଲ କଥା କ'ଣ ଜାଣନ୍ତି ? ମୋ ସ୍ୱାମୀ ଗତ ଏଗାର ବର୍ଷ ଧରି ବେଙ୍ଗମାନଙ୍କ ଉପରେ ଗବେଷଣା କରି ଆସୁଛନ୍ତି। ତାଙ୍କର କଥା କଥିତ Laboratoryରେ ୫୦୦୦ ଉପରେ ବେଙ୍ଗ ସେ କାଟି ସାରିଲେଣି। ତାଙ୍କ ଥିଓରି ହେଲା ପ୍ରଥମ ବର୍ଷାବିନ୍ଦୁ ବେଙ୍ଗ ମୁଣ୍ଡରେ ପଡ଼ିଲେ ତାହା ମଣି ହୋଇଯାଏ। ଏବଂ ୨ୟ ତଥ୍ୟ ହେଲା ସାପ ଯେତେବେଳେ ବେଙ୍ଗକୁ ଗିଳିଦିଏ ବେଙ୍ଗର ମଣିଟି ସାପର ଫଣା ଉପରେ ରହିଯାଏ। ଏସମସ୍ତ ତଥ୍ୟ ଯେ ବୈଜ୍ଞାନିକ ଏ ବିଷୟରେ ମୋର ଘୋର ସନ୍ଦେହ। ହୁଏତ କେଉଁ ପରୀ କାହାଣୀ ବା ଲୋକ କଥାରୁ ଏ ତଥ୍ୟ ସେ ସଂଗ୍ରହ କରିଥାଇ ପାରନ୍ତି। ତେବେ କାହିଁକି ଯେ ସେ ନିଜର ଜୀବନର ଶ୍ରେଷ୍ଠତମ ଦିନଗୁଡ଼ାକ ବେଙ୍ଗ କାଟିଲା ଭଳି କାଟି ଚାଲିଥିଲେ ମୁଁ ବୁଝିପାରୁ

ନ ଥିଲି। ମୁଁ ହିନ୍ଦୁ ନାରୀର ଏକ ଫସିଲ୍। ଶ୍ରୀମତୀ ମହାପାତ୍ରର ଆଟୋପ ଭିତରେ ମୁଁ ଅଣନିଶ୍ୱାସୀ। ମୋର ବାପା ମା'ଙ୍କ ବିଷୟରେ ମୁଁ କିଛି ଜାଣିନି। ମୋର ସ୍ୱାମୀଙ୍କ ଅସ୍ୱାଭାବିକ ଆଚରଣ ହେତୁ ଆମ ଘରକୁ କେହି ସାହି ପଡ଼ିଶା ମଧ୍ୟ ଆସନ୍ତି ନାହିଁ।

ଶୁଣିବେ ବେଙ୍ଗ ଗବେଷକଙ୍କର ଚାଲିଚଳଣିର କେତୋଟି ନମୁନା। କଥାଗୁଡ଼ାକ ଆପାତଃ ଆନନ୍ଦବୋଧକ ହେଲେ ମଧ୍ୟ ତା'ର ଅନ୍ତଃସ୍ୱର କେତେ ବେଦନା ଦାୟକ। ବର୍ଷାଦିନ ସାରା ସେ ପୋଖରୀ, ହିଡ଼, ନାଳ, ନର୍ଦ୍ଦମା, ଚାକୁଣ୍ଡା ବଣ ଭିତରେ ଗୋଟାଏ ମୁଣି ଧରି ବୁଲିବୁଲି ବେଙ୍ଗ ସଂଗ୍ରହ କରନ୍ତି। ଦିନେଦିନେ ରାତିରେ ଅଦ୍‌ଭୁତ ଟୋପି ସାଙ୍ଗକୁ ଫଲ୍‌ସ ଦାଢ଼ି ଲଗେଇ ରାସ୍ତାରେ ବୁଲନ୍ତି। ସେ ବିଚାର କରନ୍ତି ସବୁ ମଣିଷଗୁଡ଼ାକ ହିଁ ବେଙ୍ଗ, ଯାହାକୁ ରାତିରାତି ବୁଲି ଧରି ଆଣିବାକୁ ହୁଏ ଓ ନିର୍ବିକାରେ କାଟି ପକାଇବାକୁ ହୁଏ। ପୃଥିବୀରୁ ଯୁକ୍ତିତର୍କ ଓ କାର୍ଯ୍ୟ କାରଣ ସମ୍ପର୍କ ଉଠିଗଲାଣି କାରଣ ଭଗବାନ ମୃତ, ଏ ତଥ୍ୟ ଉପରେ ସେ ବିଶ୍ୱାସ କରନ୍ତି। ତେଣୁ ମୁଁ ଯଦି ତାଙ୍କୁ ବର୍ଷା ଦିନର ବେଙ୍ଗ ବୋବାଳିକୁ ଉପଲକ୍ଷ କରି ନାରୀ ପୁରୁଷର ସ୍ୱାଭାବିକ ଆକର୍ଷଣ ସମ୍ପର୍କରେ ସଚେତନ କରାଏ ସେ ବୁଝନ୍ତେ ବା କୁଆଡୁ? ତାପରେ ମୋର ସ୍ରଷ୍ଟା ମୋ ପ୍ରତି ଅନୁଦାର। କେଉଁ ସ୍ରଷ୍ଟା ବା ଉଦାର କୁହନ୍ତୁ ତ? ମୋ କୋଳରେ ପିଲାଟିଏ ଥିଲେ ମୁଁ ବା କାହିଁକି ତାଙ୍କ ଗବେଷଣାଗାରର ଦୁଆର ମାଡ଼ନ୍ତି? ମୋ ଜଞ୍ଜାଳ ମୋତେ ବଳାନ୍ତା। କିନ୍ତୁ ମୋର କୋଳ ଯେ ଶୂନ୍ୟ! ଦୀର୍ଘ ଏଗାର ବର୍ଷର ବିବାହିତ ଜୀବନ ଭିତରେ ନାରୀଟିଏ ସନ୍ତାନ କାମନା କରିବା କ'ଣ ଅସ୍ୱାଭାବିକ। କିନ୍ତୁ ତାଙ୍କର ନିଷ୍ଠୁରତା ମୋତେ ବିବଶ କରିଦିଏ। ତାଙ୍କ ଗବେଷଣାର ବିଫଳତା ପାଇଁ ସେ ମୋତେ ଦାୟୀ କରନ୍ତି। ସେହି ବିଚିତ୍ର ଲାବୋରେଟୋରୀ ପରିବେଶରେ ଥାଇ ସେ ଚିନ୍ତା କରନ୍ତି furnished air conditioned labouratory, big apparatus, ସୁଷମ ଖାଦ୍ୟ Attached bath, ବିଉଟିଫୁଲ୍ ପରିଚାରିକା, ଦିବା ସ୍ୱପ୍ନ ଦେଖନ୍ତି କେବେ ସେ ମଣି ଖୋଜାରେ ସଫଳ ହେବେ ଓ ଲକ୍ଷ ଲକ୍ଷ ଟଙ୍କାର ବୈଦେଶିକ ମୁଦ୍ରା ଆମ ଘରକୁ ଆସିଯିବ। ସେହି Red lettered day ପାଇଁ ତାଙ୍କ ମନରେ ଖୁବ୍ ଆଶା। କିନ୍ତୁ ହାୟ! ଏ ବେଙ୍ଗ ଗବେଷଣା କେନ୍ଦ୍ରରେ ଯେ ତାଙ୍କର ବିଚାର ବୁଦ୍ଧି ଜମାଟବାନ୍ଧି ଗଲାଣି ତା ସେ ବୁଝିପାରି ନାହାନ୍ତି। ମୁଁ ଆଜିଯାଏ ମୋର ସମସ୍ତ ଦୁର୍ଭାଗ୍ୟ ପାଇଁ ତାଙ୍କୁ ଦାୟୀ କରି ଆସିଛି। ତାଙ୍କୁ ଉତ୍ୟକ୍ତ କରି ଗୋଟାଏ ପ୍ରକାରର ସନ୍ତୋଷ ପାଇଛି। ସେ ଯଦି ମହାପୁରୁଷ ମୁଁ ମହାନ୍ ନାରୀ ହେବା ଉଚିତ ଥିଲା। କିନ୍ତୁ ନାଁ ଏମିତି ଶବ୍ଦଟେ ତ ଆଜିଯାଏ ପ୍ରଚଳିତ ମଧ୍ୟ ହୋଇନି। ଛାଡ଼ନ୍ତୁ ସବୁ ମୋ ଭାଗ୍ୟ!

ଆଉ ଗୋଟାଏ କଥା ଜାଣନ୍ତି ? ଚନ୍ଦ୍ରଶେଖର ବାବୁମ ! ଆମ ଘର ମାଲିକ ଥରେ ଭଡ଼ା ପାଇଁ ଆସିଥିଲେ । ମିଃ ମହାପାତ୍ର ଆରମ୍ଭ କଲେ ଯେ କେମିତି ତାଙ୍କ ସ୍ତ୍ରୀ ମୋଟୀ ହେଲେ ଆଉ କେମିତି ତାଙ୍କର ଦୁଇ ପୁଅ ଓ ଦୁଇଝିଅ ହେଲେ । ଏତେ ଅଖାଡୁଆ ଯୁକ୍ତି ଯେ ମୋତେ ବିବ୍ରତ ଲାଗୁଥିଲା । ଅବଶ୍ୟ ମୁଁ ତାଙ୍କୁ ଚାହା କରି ଦେଇଥିଲି । ତାଙ୍କ ସ୍ତ୍ରୀଙ୍କୁ ନେଇ ଆମଘରକୁ ବୁଲି ଆସିବାକୁ ତାଙ୍କୁ ଅନୁରୋଧ ମଧ୍ୟ କରିଥିଲି । କିନ୍ତୁ ହଠାତ୍ ଯେ ମୋ ସ୍ୱାମୀ ତାଙ୍କୁ କାହିଁକି କୁତୁ କୁତୁ କରିବାକୁ ଆରମ୍ଭ କରିଦେଲେ ମୁଁ ବୁଝିପାରିଲିନି । ଏମିତି ଦୁର୍ବୁଦ୍ଧି ଯେ କାହିଁକି ତାଙ୍କର ହୁଏ ।

ଏ ଭିତରେ ମୁଁ ବେଙ୍ଗମାନଙ୍କ ପ୍ରତି କିଛିଟା ଆକୃଷ୍ଟ ହୋଇଥିଲି । ମୋ ଅଜାଣତରେ ମୁଁ ଭଲପାଇ ବସିଥିଲି ଦି'ଟା ହୃଷ୍ଟ ପୁଷ୍ଟ ବେଙ୍ଗକୁ । ଗୋଟାଏ ପିଙ୍ଗପଙ୍ଗ୍ ଆଉ ଅନ୍ୟଟା ନାଇଟ କୁଇନ୍ । କୌଣସି ଯୁକ୍ତି ଦେଇ ମୁଁ ବୁଝାଇ ପାରିବିନି କାହିଁକି ସେମାନଙ୍କ କଥା ମୋତେ ମୋ ପିଲାଙ୍କ କଥା ପରି ଶୁଭୁଥିଲା । ମୁଁ ଯେ ସନ୍ତାନହୀନା ଏକଥା ମୁଁ ପାଶୋରି ପକାଉଥିଲି । ମିଃ ମହାପାତ୍ରଙ୍କ ଭାଷାରେ ସେ ଦିହେଁ ଥିଲେ ଆମ adopted children । ଅନ୍ୟମାନେ ଆମର ଏତାଦୃଶ ଆଚରଣରୁ ଆନନ୍ଦ ଉଠାଉଥିଲେ ସତ୍ୟ କିନ୍ତୁ ଆମେ ନିର୍ବିକାର ଥିଲୁ ।

ମୋ ଜୀବନର ଗୋଟିଏ ଗୁପ୍ତ ଅଥଚ ଆନନ୍ଦମୟ ଦିଗ ଥିଲା । ସେ ଦିଗଟି କ'ଣ ଜାଣନ୍ତି ? ତାହା ହେଉଛି ବୀରଭାଇଙ୍କ ସାହଚର୍ଯ୍ୟ । ପ୍ରେମ କହିଲେ ଭୁଲ ହେବ କାରଣ ପିଲା ଦିନେ ନିର୍ଜନ ମଧ୍ୟାହ୍ନରେ ଗ୍ୟାରେଜ୍ ଘରେ ପେଟ୍ରୋଲ ଗନ୍ଧ ଭିତରେ ବୋହୂ ବୋହୂକା ଖେଳ ବ୍ୟତୀତ ମୋର କିଛି ସୁଖଦ ଅନୁଭୂତି ଥିବାର ମୋର ମନେ ପଡୁନି । କିନ୍ତୁ ପ୍ରେମର ଆଦିପର୍ଯ୍ୟାୟରେ ସେ ମୋତେ ଏଡ଼ାଇ ଦାର୍ଜିଲିଂ ଚାଲିଯାଇଥିଲେ । ସେହି ବୀରଭାଇଙ୍କୁ ମୁଁ ଚିଠି ଲେଖି ଡକାଇଥିଲି । ଆକାଶ, ସମୁଦ୍ର ଓ ଲ୍ୟାଣ୍ଡସ୍କେପକୁ ଭଲପାଉଥିବା ଖୋଲା ମେଲା ମଣିଷ ବୀରଭଦ୍ର ମିଶ୍ର ହିଁ ମୋ ପାଇଁ ଥିଲେ ବାହାର ପୃଥିବୀର ଗୋଟେ ମିନି ସ୍କେଚ । ତାଙ୍କ ଭିତରେ ମୁଁ ଚଞ୍ଚଳତା ଦେଖିଥିଲି । ଦେଖିଥିଲି ଖୁସି ଆନନ୍ଦ ଓ ଜୀବନକୁ ବେପରୁଆ ଢଙ୍ଗରେ ଗ୍ରହଣ କରି ନେବାର ଦୃଷ୍ଟିଭଙ୍ଗୀ । ସେଥିପାଇଁ ଏ ନିବୁଜ ଜୀବନ ମଧ୍ୟକୁ ମୁଁ ତାଙ୍କୁ ନିମନ୍ତ୍ରଣ କରିଥିଲି । ତାଙ୍କ ପ୍ରତୀକ୍ଷାରେ ବିବ୍ରତ ହୋଇ ପଡୁଥିଲି । ତାଙ୍କ ସହିତ ସ୍ୱାଭାବିକ ବ୍ୟବହାର କରିବାକୁ ମୋ ସ୍ୱାମୀଙ୍କୁ ବାରମ୍ବାର ତାଗିଦ ମଧ୍ୟ କରୁଥିଲି । ସେ ଆସିଥିଲେ ସତ୍ୟ କିନ୍ତୁ ସେ ମୋର ଗବେଷକ ସ୍ୱାମୀଙ୍କୁ ଘୃଣା କରିବାକୁ ଆରମ୍ଭ କରିଥିଲେ । ତାଙ୍କୁ ସ୍ଲିପିଂଟାବଲେଟ୍ ଖୁଆଇ ମୋତେ ନେଇ ବୁଲି ଯିବାକୁ ଚାହୁଁଥିଲେ । ମୁଁ କିନ୍ତୁ ତା'ର ବିରୋଧ କରିଥିଲି । ମୋର କିଛି ଅଭିଯୋଗ ନ ଥିଲା ତ ? ମୁଁ ଭଲ କରି

ଜାଣିଛି ବେଙ୍ଗମାନଙ୍କୁ ନେଇ ନିଷ୍ଫଳ ଜୀବନ କାଟିବାର ଅର୍ଥ କିଛି ହୁଏନା। ଆହୁରି ଭଲ କରି ଜାଣିଛି ଯେ ବୀର ଭାଇ ଯଦି ମୋର ସ୍ୱପ୍ନ ତେବେ କୃଷ୍ଣମୋହନ ମୋର ବାସ୍ତବ। ସେ ଯେତେ ଉଦାସୀନ ହେଲେ ହେଁ ମୋ ପୃଥିବୀ ତାଙ୍କୁଇ କେନ୍ଦ୍ରରେ ଧରି ଘୂରୁଛି। ମୁଁ ବୀରଭାଇଙ୍କୁ ତାଙ୍କର ଅବିବାହିତ ରହିବାର କାରଣ ପଚାରିଥିଲି। ସେ ଦାୟିତ୍ୱ ମୁକ୍ତ ହୋଇ ସବୁଦିନେ ରହିବାକୁ ଚାହୁଁଥିଲେ ତେଣୁ ବିବାହ ବନ୍ଧନକୁ ସେ ଏଡ଼ାଇ ଦେଇଥିଲେ। ତେବେ ଜୀବନ କ'ଣ ଖାଲି ଖୁସି ଆନନ୍ଦ କରିବା ଆଉ ହଜିଯିବା ! ମୋର ସ୍ୱାମୀ ଯିଏ ଅବାସ୍ତବକୁ ଖୋଜିଖୋଜି ଆଜିଯାଏ ଚାଲି ଆସିଛନ୍ତି ସବୁରିକି ଏଡ଼େଇ। କିଏ ମୋର ଆଦର୍ଶ ? କୋଦମ୍ବା ଠାକୁରାଣୀଙ୍କ ଟୋପି ଲଗାଉଥିବା କୃଷ୍ଣମୋହନ ନାଁ ଯିଏ ସ୍ୱାମୀଙ୍କର ସରଳତାର ସୁଯୋଗ ନେଇ ମୋ ମନକୁ ମୋ ସଂସାରଠାରୁ ଦୂରେଇ ନେବାର ଚେଷ୍ଟା କରିଛନ୍ତି, ସେଇ ବୀରଭାଇ। ଯଦିଚ ମୁଁ ଜାଣି ଜାଣି ତାଙ୍କୁ ବୀରଭାଇ ଭାବିବା ଆରମ୍ଭ କରିଥିଲି ସେ କୌଣସି ପ୍ରକାରେ ମୋର ଆତ୍ମୀୟ ନ ଥିଲେ। ଏ କଥା ମୁଁ ଜାଣିଥିଲି ଆଉ ମୋର ଗବେଷକ ସ୍ୱାମୀ ମଧ୍ୟ ଅନୁମାନ କରିଥିଲେ। ବୀରଭଦ୍ରଙ୍କ ମତରେ ମୋର ଜୀବନ ନଷ୍ଟ ହୋଇଯାଇଛି। ମୋର ଗୋଟେ ପଟେ ବନ୍ଦ ଝରକା, କବାଟ, ବେଙ୍ଗ କାନ୍ଦଣା ଛୁରୀ କଇଁଚି। ଆରପଟେ ପାହାଡ଼, ଜଙ୍ଗଲ, ସମୁଦ୍ର। ଜୀବନକୁ ଭୟ କରି ପଳାଇ ଯିବାକୁ ଇଚ୍ଛୁକ ବୀରଭଦ୍ର ଓ ସ୍ତ୍ରୀକୁ ଅଣହେଳା କରୁଥିବା କୃଷ୍ଣମୋହନ। କ୍ରାଇମ୍ ଥ୍ରୀଲ୍‌ର ସାଙ୍ଗକୁ ବୈଜ୍ଞାନିକ ଉପନ୍ୟାସ - ଏ ଭିତରେ ବିଡ଼ମ୍ବିତ ହୋଇ ଯାଇଥିଲା ମୋର ବୈବାହିକ ଜୀବନ।

କି ଜୀବନ ସେ ? ଗୋଟେ ବେଙ୍ଗକୁ ଭଲ ପାଉଥିଲି ଯେ ସେ ବି ମୋ ସ୍ୱାମୀଙ୍କ ଛୁରୀ ଦାଢ଼ରୁ ବର୍ତ୍ତିଲାନି। ଭାରି କଷ୍ଟ ଲାଗିଥିଲା ସେଦିନ। ହେଲେ ସେ କି ଉପାଦାନରେ ଗଢ଼ା କେଜାଣି ? ଭଲ ପାଇବା ଆଉ ହତ୍ୟା କରିବା ଯାହା ପାଇଁ ଗୋଟିଏ ମୁଦ୍ରାର ଦୁଇ ପାର୍ଶ୍ୱ ଭଳି ସମ୍ପର୍କିତ। ସ୍ୱାମୀ କୃଷ୍ଣମୋହନଙ୍କ ମତରେ ବୀରଭଦ୍ର ଆମ ମଣ୍ଡୁକ ପରିବାରର କୃଷ୍ଣସର୍ପ ଯେ କି ଆମର ସ୍ଥିତିକୁ ବିପର୍ଯ୍ୟସ୍ତ କରିଦେଇଥିଲା। ନିଜ ଭିତରେ ନିଜେ ବୁଡ଼ିରହି ଗବେଷଣା କରୁଥିବା ମୋର ସ୍ୱାମୀଙ୍କର ସଂସାର ତ କୂଅଟିଏ। ବାହାର ଦୁନିଆଁ ଠାରୁ ସମ୍ପୂର୍ଣ୍ଣ ବିଚ୍ୟୁତ। ସମ୍ପୂର୍ଣ୍ଣ ସ୍ୱତନ୍ତ୍ର। ତେବେ ବୀରଭଦ୍ରଙ୍କର ଆଗମନୀ ସେଥିରେ ଯେଉଁ ଚାଞ୍ଚଲ୍ୟ ସୃଷ୍ଟି କରିଛି ତା'ର ଫଳ ମୁଁ ଭୋଗି ନ ଥାନ୍ତି ତ ଭୋଗିଥାଆନ୍ତା କିଏ ? ବେଙ୍ଗ କାଟି କାଟି କ୍ଳାନ୍ତ ହୋଇପଡୁଥିବା ସ୍ୱାମୀକୁ ଭିଟାଭେକ୍ସ ଟାବ୍‌ଲେଟ୍ ଓ ଅମୂଲ ଖୁଆଇ ମୋତେ ହିଁ ତ ଟାଣ କରାଇବାକୁ ପଡ଼ିଥିଲା। ସବୁ ଦୁର୍ବିପାକ ମଧ୍ୟରେ ଜୀବନ ସହ ସାଲିସ କରିବାକୁ ପଡ଼ିଥିଲା।

ବୀରଭଦ୍ର ଦୋଷାରୋପ କରିଥିଲେ ଯେ କୃଷ୍ଣମୋହନ ମୋର ଜୀବନ ନଷ୍ଟ କରିଦେଇଛନ୍ତି। ମୋ ସ୍ୱାମୀଙ୍କର ଅଦ୍ଭୁତ ବେଶ ପୋଷାକରୁ ସେ ବାବାଜୀ ହୋଇ ଯିବାର ଆଭାସ ମଧ୍ୟ ମିଳୁଥିଲା। ମୋର ନିଷ୍ଫଳ ମାତୃତ୍ୱ ଅନେକ ସମୟରେ ତାଙ୍କ କଥାକୁ ସତ ମଣୁଥିଲା। ନିକଟେଇ ଯିବାକୁ ମନ କହୁଥିଲା। କିନ୍ତୁ ନାଁ ମୁଁ ତା କରିନି। ମୁଁ ଜାଣିବାକୁ ଚାହିଁଛି ମୋର ବିବେକ, ଯୁକ୍ତି ଓ ଆବେଗ ଦେଇ କିଏ ମୋର ଆପଣାର। ଅସନ୍ତୁଷ୍ଟ ହୋଇଛି ସତ୍ୟ କିନ୍ତୁ ପରମ୍ପରାକୁ ଏଡ଼ାଇ ଦେଇନି। ସେ ମୋ ପାଇଁ ପାଲଟି ଯାଇଛନ୍ତି ଶିଶୁଟିଏ। ସେ ହରେ ରାମ ହରେ କୃଷ୍ଣ ଗାନ କଲାବେଳେ ମୁଁ ତାଙ୍କୁ ଦୁଷ୍ଟ ନ ହେବାକୁ ତାଗିଦ କରିଛି। ଦାଢ଼ି, ଟୋପି, ଗେରୁଆ ଲୁଗା ଓ ବେଙ୍ଗମାନେ ତାଙ୍କୁ ଠକିଦେଇଛନ୍ତି ବୋଲି ସେ ଭାଙ୍ଗିପଡ଼ିବା ବେଳେ ମୁଁ ତାଙ୍କୁ ଶୁଣାଇଥିଲି ଜୀବନର ଶ୍ରେଷ୍ଠତମ ସତ୍ୟ "ଆମେ ଯଦି ପରସ୍ପରକୁ ଭଲ ପାଇ ପାରନ୍ତେ !" ସତରେ ଭଲ ପାଇ ପାରିଲେ ହିଁ ସବୁକିଛି ସହଜ ହୋଇଯାଏ। ଜୀବନ ପ୍ରତି ସୁଚିନ୍ତିତ ମୂଲ୍ୟବୋଧ ସୃଷ୍ଟି ହୁଏ। ଭଲ ପାଇବା ପାଇଁ ନିରୁତା ମନଟିଏ ତ ଦରକାର।

ବୀରଭଦ୍ରଙ୍କ ମତରେ ମୋ ସ୍ୱାମୀ କୂଅ ବେଙ୍ଗ। କିନ୍ତୁ ମୋ ମତରେ ସେ ସରଳ। ନ ହେଲେ ନିଜର ଅସହାୟତା କଥା ସେ ମୋତେ କହି ନଥାନ୍ତେ। ବୀରଭଦ୍ର ପ୍ରତ୍ୟେକ ଦିନ ବଦଳି ଯିବାରେ ବିଶ୍ୱାସୀ। କିନ୍ତୁ ମୋ ସ୍ୱାମୀଙ୍କର ଲକ୍ଷ୍ୟ ଅପରିବର୍ତ୍ତନୀୟ। ମୁଁ ମାଧବୀ। ଗୋଟାଏ ଅର୍ଦ୍ଧପାଗଳ ଅଧ୍ୟାପକଙ୍କର ନିରୂପାୟ ପତ୍ନୀ। ମୋର ମାତୃତ୍ୱ ବିଫଳ। ସାମାଜିକ ଜୀବନ ଅର୍ଥହୀନ। ଆନନ୍ଦ ଲାଭର କୌଣସି ଉପାୟ ମୋତେ ଜଣାନାହିଁ। ବୀରଭଦ୍ର ମୋ ନିବୁଜ ସଂସାରର ଏକମାତ୍ର ଖୋଲା ଝରକା। ସେଠୁ ପାହାଡ଼ ସମୁଦ୍ର ଦେଖିହୁଏ କିନ୍ତୁ ଛୁଇଁ ହୁଏନା। ଝରକା ବାଟେ ଡେଇଁ ପଦାକୁ ଯିବା ମଧ୍ୟ ଶୋଭନୀୟ ନୁହେଁ। କାରଣ ମୁଁ ନିରୂପଦ୍ରବ ଭାବରେ ୧୧ଟି ବୈବାହିକ ବର୍ଷ କାଟି ସାରିଛି ସେହି ନିବୁଜ ଘରେ, ପିଙ୍ଗ୍‌ପଙ୍ଗ୍ ଓ ନାଇଟ୍ କୁଇନ୍‌କୁ ନିଜ ଅବଚେତନ ଭିତରେ ମୋର ସନ୍ତାନ ବୋଲି ମନେକରି।

ମୁଁ ଅସମାପିକା ମାଧବୀ। ଦେହରେ ମୋର ଅନେକ ରୋମାଞ୍ଚ। ମନରେ ଅସୁମାରୀ ଜ୍ୱଳନ। କିନ୍ତୁ କିଏ ମୋତେ ବୁଝିବ? ସ୍ୱପ୍ନବିଳାସୀ ବୀରଭାଇ ନାଁ ମହାପୁରୁଷ ହେବା କାମନାରେ ପୌରୁଷକୁ ହତ୍ୟା କରି ଚାଲିଥିବା କୃଷ୍ଣ ମୋହନ। ବୀରଭାଇ ଏକ ଭ୍ରାମ୍ୟମାଣ ଅରଣ୍ୟ। ତାଙ୍କ ପଛରେ ଅନେକ ରହସ୍ୟ। ଅନେକ ବସନ୍ତର ଗୁଞ୍ଜନ। ତାଙ୍କ ଭାଷାରେ କୃଷ୍ଣ ମୋହନ ଏକ ଟାଙ୍ଗରା ଭୂଇଁ। କିଏ ମୋର ମାତୃତ୍ୱକୁ ସଫଳ କରିବ? ଆଜି ପିଙ୍ଗପଙ୍ଗ ମରିଛି କାଲି ନାଇଟ୍ କୁଇନ୍‌ର ପାଳି

ପଡ଼ିବ। ମୁଁ କ'ଣ ଏମିତି କୃଷ୍ଣ ମୋହନଙ୍କୁ ଭିଟାଭେକ୍ସ ଖୁଆଇ ଚାଲିଥିବି ! ବୀରଭାଇଙ୍କ କମ୍ପାନୀର multi vitamin ଟାବ୍‌ଲେଟ୍ ଖୁଆଇ ତାଙ୍କର ଗବେଷଣାର ସଫଳତା ପାଇଁ ଅପେକ୍ଷା କରୁଥିବି। ସେ ହରେରାମ ହରେକୃଷ୍ଣ କହିଲା ବେଳେ ମୁଁ ତାଙ୍କୁ ଆକାଶ ସମୁଦ୍ର, ଶାମୁକା, ନୀଳକଇଁର ସ୍ୱପ୍ନ ଦେଖିବାକୁ ବାଧ୍ୟ କରୁଥିବି ? କିଏ କହିବ ? ମୋର ସ୍ରଷ୍ଟା ନାଟ୍ୟକାର ଶ୍ରୀଯୁକ୍ତ ପାଣିଗ୍ରାହୀଙ୍କୁ ଶତକୋଟି ପ୍ରଣାମ ଜଣାଇ ମୁଁ ମିନତି କରୁଛି ଆଉ କେତେବର୍ଷ ମୁଁ ଏମିତି ସମୟର ବାଲିବନ୍ତରେ ନାଗଫେଣୀ ବୁଦାଟିଏ ହୋଇ ରହିଥିବି !

■

ପ୍ରେମ ଓ କର୍ତ୍ତବ୍ୟର ଚୌକାଠରେ 'ସରସୀ'

(ମନୋରଞ୍ଜନ ଦାସଙ୍କର 'ଆଗାମୀ' ନାଟକର ତାଲିକା 'ସରସୀର ଆତ୍ମଲିପି)

ମୁଁ ସରସୀ। ଚିହ୍ନିଛନ୍ତି ମୋତେ? ଏକାଧିକ କଳକାରଖାନାର ମାଲିକ ଶିଳ୍ପପତି ସୂର୍ଯ୍ୟନାରାୟଣଙ୍କର ଏକମାତ୍ର ଉତ୍ତରାଧିକାରିଣୀ। 'ଆଗାମୀ' ନାଟକର ନାୟିକା। ନାଟ୍ୟକାର ମନୋରଞ୍ଜନଙ୍କର ଏକ ଅନନ୍ୟ ସୃଷ୍ଟି। ନିଜକୁ ଅନନ୍ୟ କହିବା ଭିତରେ ମୋତେ ଆପଣ ଗର୍ବୀ ବୋଲି ଭାବି ସାରିଲେଣି ନିଶ୍ଚୟ। କିନ୍ତୁ ଏଥିରେ ମୋର ଗର୍ବ ନୁହେଁ ଗୌରବ କିଛି ଅଛି। କୁହାଯାଏ ମୋରି ପଦପାତରେ ଓଡ଼ିଆ ନାଟକ କ୍ଷେତ୍ରକୁ ଆଧୁନିକ ଜୀବନ ଜିଜ୍ଞାସା ଅନୁପ୍ରବେଶ କରିଥିଲା। ମୁଁ ଶରତଙ୍କର ଅନୁଗତା ପତ୍ନୀ। କ'ଣ କହିଲେ ଶ୍ରମିକ ନେତା ଶରତ ନାଁ ମନ୍ତ୍ରୀ ଶରତ? ଦୁହେଁ ଯାକ ଗୋଟିଏ ମକ୍ଷିକ୍ଷପରା। ଖୁବ୍ ନାମକରା ରାଜନୀତିଜ୍ଞ। ଆଉ ମୋର ଗୋଟିଏ ପରିଚୟ ଅଛି। ମୁଁ ସରୋଜର ପ୍ରେମିକା। ଠିକ୍ ଲାଗିଲାନି ନାଁ ଏ 'ପ୍ରେମିକା' ଶବ୍ଦଟା। କିନ୍ତୁ ବଦଳାଇ ଦେଇ ଆଉ ଗୋଟେ ଶବ୍ଦ ବସାଇ ଦିଅନ୍ତି ଯେ ଜାଣି ପାରୁନି କ'ଣ ବସେଇବି? ତେବେ ଅଭାବଗ୍ରସ୍ତ ସରୋଜ ଏକଦା ଥିଲେ ମୋର ଗୃହଶିକ୍ଷକ। ଯାହାଙ୍କ ପାଇଁ ମୋ ତରୁଣୀ ମନରେ ଭଲପାଇବାର ଫୁଲ ଫୁଟିଥିଲା। କେବେ ମୋ ମନ କଥା ଖୋଲି କହିବାର ସୁଯୋଗ ମଧ୍ୟ ପାରିନି। ରୁମାଲଟିଏ ବୁଣିଥିଲି ଯେ ଦନ୍ତ୍ୟ 'ସ' ଟା ଅଧା ରହିଗଲା ଯେମିତି ଅଧା ରହିଗଲା ମୋର ଭଲ ପାଇବା। ରୁମାଲ ବୁଣିବାଟା ଭାରି ମଫସଲି କଥା ପରି ମନେ ହେଉଛି ନାଁ? ଆମ ସମୟରେ ରୁମାଲ ବୁଣି ଉପହାର ଦେବା ପ୍ରେମର ସର୍ବଶ୍ରେଷ୍ଠ ସନ୍ତକ ଭାବରେ ଗୃହୀତ ହୋଇଥିଲା! ଆଜି ସପ୍ତାହର ସାତଦିନ ପାଇଁ ସାତରଙ୍ଗର ରୁମାଲ ପଇସା ଫିଙ୍ଗିଦେଇ କିଣି ଆଣି ଦେଉଛି। କିନ୍ତୁ ବୁଣା ରୁମାଲର ଯେଉଁ sentiment ଛାଡ ସେକଥା। ସରେଜ ମନୋବିଜ୍ଞାନରେ

degree ପାଇଁ ବିଦେଶ ଗଲେ। କିନ୍ତୁ ମୋ ଅଧାବୁଣା 'ସ'କୁ ନେଇ ମୁଁ ରହିଗଲି। ମୁହଁ ଖୋଲି କହି ପାରିଲିନି ବା ସରୋଜଙ୍କ ଅନୁପସ୍ଥିତି ସହି ମଧ୍ୟ ପାରିଲିନି।

ଥରେ ଖବର ପାଇଲି ସରୋଜ ଫେରିଛନ୍ତି। ଧାଇଁ ଯାଇଥିଲି ତାଙ୍କ ବନ୍ଧୁ ଶରତଙ୍କ ଘରକୁ। ସେତେବେଳକୁ ସରୋଜ ବିଦେଶରୁ ଫେରି ସହରରେ ମନସ୍ତାତ୍ତ୍ୱିକ କ୍ଲିନିକ୍ ଖୋଲି ଥାଆନ୍ତି। ଶରତଙ୍କ ଘରେ ସରୋଜଙ୍କୁ ଦେଖା କରିବାକୁ ଯାଇଥିଲି ଯେ ସେଠାରେ ବାପାଙ୍କର ରାଜନୀତିର ଚାମ୍‌ଚା ସୁଦର୍ଶନଙ୍କୁ ଅପମାନିତ କରିବାକୁ ବାଧ୍ୟ ହୋଇଥିଲି। ମାଲିକର କନ୍ୟା ଶ୍ରମିକ ନେତାଙ୍କ ଘରକୁ ଯିବାର କଥାଟାକୁ ସେମାନେ ସ୍ୱାଭାବିକ ଭାବରେ ଗ୍ରହଣ କରି ପାରି ନଥିଲେ। ମୁଁ ଯେ ସରୋଜଙ୍କ ଆସିବା ଖବର ଶୁଣି ସେଠାକୁ ଧାଇଁ ଯାଇଥିଲି ଏକଥା ସେମାନେ କଳ୍ପନା କରନ୍ତେ କାହିଁକି ? ସେଠାରୁ ଫେରି ଘରକୁ ନ ଯାଇ ସିଧା ଯାଇଥିଲି ସରୋଜଙ୍କ କ୍ଲିନିକ୍‌କୁ। ସେଠାରେ କ'ଣ ଦେଖିଲି ଜାଣନ୍ତି ? ସେଠାରେ ଝରକା ଫାଙ୍କରେ ଦେଖିଲି ଜଣେ ନାରୀ ସରୋଜଙ୍କର କଣ୍ଠଲଗ୍ନ ହେବାର ଦୃଶ୍ୟ, ମୁଁ ଫେରି ଆସିଲି ଆହତ ଅଭିମାନରେ। ଅବଶ୍ୟ ଏଭଳି ନଆସି ମୋର ସରୋଜଙ୍କ ସହିତ କଥାବାର୍ତ୍ତା କରିବା ଉଚିତ ହୋଇଥାଆନ୍ତା ବୋଲି ଆପଣମାନେ କହିପାରନ୍ତି, ଏତ କେବଳ ଯୁକ୍ତି। ନିଜ ଭୁଲ ବା ସ୍ୱାର୍ଥପରତା ଇତ୍ୟାଦିକୁ ଢାଙ୍କି ରଖିବାକୁ ମଣିଷ ଏଭଳି ଯୁକ୍ତିର ଆଶ୍ରୟ ନିଏ ଓ ନିଜକୁ ଅନ୍ୟଠାରୁ ବିଜ୍ଞ ଭାବରେ ପ୍ରମାଣିତ କରେ। ମୋର କିନ୍ତୁ ଛଳନା ନ ଥିଲା। ଯୁକ୍ତି ନ ଥିଲା। ସେଠାରୁ ଫେରି ମୁଁ ବାପାଙ୍କ ମନୋନୀତ ପ୍ରାର୍ଥୀ ଶରତଙ୍କୁ ବିନାଦ୍ୱିଧାରେ ବିବାହ କଲି। ସତ କହିବାକୁ ଗଲେ ଶରତଙ୍କ ବ୍ୟକ୍ତିତ୍ୱ ମୋତେ ଖୁବ୍ ପ୍ରଭାବିତ କରିଥିଲା। କିନ୍ତୁ କାହିଁକି ମୋର ବାପା ଶିଳ୍ପପତି ସୂର୍ଯ୍ୟନାରାୟଣ ଏତେ ହଠାତ୍ ନିଜର ଚରମ ପ୍ରତିଦ୍ୱନ୍ଦ୍ୱୀଙ୍କୁ ଜାମାତାଭାବରେ ନିର୍ବାଚିତ କରିଥିଲେ ଏକଥା ଭାବି ଦେଖିବାକୁ ମୋ ପାଖରେ ସମୟ ନଥିଲା। ତୁରନ୍ତ ଅଭିମାନରେ ମୁଁ ପ୍ରତିଶୋଧ ପ୍ରବଣ ହୋଇ ଉଠିଥିଲି ଓ ସରୋଜଙ୍କ ବ୍ୟତୀତ ଜୀବନ ବଞ୍ଚିବ ବୋଲି କେମିତି ଗୋଟାଏ ସଂକଳ୍ପ ମୋ ମନରେ ସୃଷ୍ଟି ହୋଇଥିଲା।

ଶରତଙ୍କୁ ବିବାହ କରି ମୁଁ ବେଶ୍ ଖୁସିରେ ଥିଲି। ବାପା ଜାଣି ଜାଣି ଆମ ସଂସାରଠାରୁ ଦୂରେଇ ରହୁଥିଲେ। ଶରତଙ୍କର ପ୍ରେମରେ ମଧ୍ୟ କୌଣସି ଫାଙ୍କି ନ ଥିଲା। କିନ୍ତୁ ରାଜନୀତିର ପଟ୍ଟ ପରିବର୍ତ୍ତନ ଘଟିଲା। ଶରତ ବିପୁଳ ଭୋଟରେ ନିର୍ବାଚନ ଜିଣିଲେ ଓ ମନ୍ତ୍ରୀ ହେଲେ। ମୁଁ ମଧ୍ୟ ଜଣେ ସଚ୍ଚୋଟ ନିଷ୍ଠାପର ଓ କର୍ତ୍ତବ୍ୟ ପରାୟଣ ରାଜନୀତିଜ୍ଞଙ୍କର ପତ୍ନୀ ଭାବରେ ନିଜକୁ ଖୁବ୍ ସୌଭାଗ୍ୟବତୀ ମଣିଥିଲି, କିନ୍ତୁ ନଦୀବନ୍ଧ ଯୋଜନାର ବିଲ୍ ମୋର ସ୍ୱପ୍ନ ଭାଙ୍ଗି ଦେଲା। ଜାତୀୟ ସ୍ୱାର୍ଥପାଇଁ ଶୁଭଙ୍କର ଏହି ବିଲ୍

ଶରତଙ୍କର ନିର୍ବାଚନ ମଣ୍ଡଳୀର କିଛି କ୍ଷୟକ୍ଷତି କରୁଥିଲା। ତେଣୁ ଶରତ ସେ ବିଲ୍ ବିଧାନସଭାରୁ ଉଠାଇ ଆଣନ୍ତୁ ବୋଲି ତାଙ୍କ ଉପରେ ବିଭିନ୍ନ ପ୍ରକାର ଚାପ ପଡ଼ିଲା। କିନ୍ତୁ ଶରତ ନିଜ ଜିଦ୍‌ରେ ଦୃଢ଼ ରହିଲେ। ଫଳରେ ସେ ନିଜ ନିର୍ବାଚନ ମଣ୍ଡଳୀର ଆସ୍ଥା ହରାଇଲେ। ଏହିଭଳି ସମୟରେ ମୁଁ ମଧ୍ୟ ପତ୍ନୀର ଉପଯୁକ୍ତ କର୍ତ୍ତବ୍ୟ କରିପାରି ନ ଥିଲି। ତାଙ୍କର ଆଘାତପ୍ରାପ୍ତ ପୌରୁଷକୁ ଆଶ୍ୱାସନା ପାରି ନ ଥିଲି। ମୋର ପତ୍ନୀତ୍ୱର ମୋହଭଙ୍ଗ ଘଟିଥିଲା। ସେଥିପାଇଁ ଶରତ ବିବ୍ରତ ହୋଇ ମନୋବିଜ୍ଞାନୀ ବନ୍ଧୁ ସରୋଜଙ୍କର ଆଶ୍ରୟ ନେଲେ।

ମୋର ମୋହ ଭଙ୍ଗର କାରଣ ଶୁଣିବେ ? ମୁଁ ଦିନେ ଜାଣିବାକୁ ପାଇଲି ଯେ ମୁଁ ଆଜିଯାଏ ଯାହାସବୁ ଠିକ୍ ବୋଲି ଭାବିଥିଲି ତାହା ଠିକ୍ ନୁହେଁ। ସେଦିନ ସରୋଜଙ୍କ କଣ୍ଠଲଗ୍ନ ହୋଇଥିବା ନାରୀ କଲ୍ୟାଣୀ ସହିତ ସରୋଜ ରକ୍ତସମ୍ପର୍କରେ ବନ୍ଧା। ଉଭୟ ଭାଇଭଉଣୀ। ସେମାନେ ତାଙ୍କର ମନୋବୈଜ୍ଞାନିକ ଚିକିତ୍ସାଳୟରେ ବିକୃତ ମସ୍ତିଷ୍କ ରୋଗୀମାନଙ୍କର ଚିକିତ୍ସା ଓ ସେବା ପାଇଁ ଏଭଳି ଅନେକ ଅଭିନୟ କରିଥାଆନ୍ତି। ଏକଥା ଜାଣିବା ପରେ ମୋର ସବୁ ଅଭିମାନ ନଷ୍ଟ ହୋଇଗଲା। ସରୋଜ ହିଁ ମୋତେ କଲ୍ୟାଣୀର କରୁଣ ଜୀବନ ଇତିହାସ କହି ମୋର ମୋହଭଙ୍ଗ କରିଥିଲେ। ତାପରେ ମୋର ହଠାତ୍ ମନେ ହେଲା ଯେ ମୁଁ ବାପାଙ୍କର ରାଜନୀତି ପଶା ଖେଳର ଗୋଟିଟିଏ ହିଁ ପାଲଟି ଯାଇଛି। ଶ୍ରମିକ ଆନ୍ଦୋଳନ ଚରମ ପର୍ଯ୍ୟାୟରେ ଥିବା ସମୟରେ ଶ୍ରମିକମାନଙ୍କର ଅପ୍ରତିଦ୍ୱନ୍ଦ୍ୱୀ ନେତା ଶରତଙ୍କୁ ଜାମାତା ପଦରେ ବରଣ କରି ସେ ନିଜର ରାଜନୈତିକ ସ୍ଥିତିକୁ ହିଁ ସୁଦୃଢ଼ ରଖି ପାରିଛନ୍ତି। ଏଥିରେ ତାଙ୍କର ଉଦାରତା ନାହିଁ ଅଛି ସ୍ୱାର୍ଥପରତା, ତ୍ୟାଗ ନାହିଁ ଅଛି କ୍ଷମତା-ଲାଳସାର ଉଦଗ୍ର ନିଶା। ଏସବୁ ଜାଣିଲା ପରେ ମୋର କିଭଳି ମାନସିକ ଅବସ୍ଥା ହୋଇଥିବ କୁହନ୍ତୁତ ? ଶରତଙ୍କ ପ୍ରତି ମୋର ସମ୍ମାନବୋଧ ଅତୁଟ ରହିବା କ'ଣ ସମ୍ଭବ ହୋଇଥିବ ! ଏହିଭଳି ଏକ ଅବସାଦମୟ ମୁହୂର୍ତ୍ତରେ ମୋର ପୁରୁଣା ଶାଢ଼ି ଟ୍ରଙ୍କରୁ ବାହାରିଲା ଅଧାବୁଣା 'ସ'ର ରୁମାଲଟି। ଯାହା କି ଅତୀତର ସମସ୍ତ ସ୍ମୃତିକୁ ମୋ ମନତଳେ ସଜାଗ କରିଦେଲା। ମୁଁ ମାନସିକ ସ୍ତରରେ ଅସୁସ୍ଥ ହୋଇ ପଡ଼ିଲି।

ଏହିଭଳି ଗ୍ଲାନିକର ମୁହୂର୍ତ୍ତରେ ବାପା ଶରତଙ୍କୁ ପରାମର୍ଶ ଦେଲେ ଯେ ମନ୍ତ୍ରୀମଣ୍ଡଳରୁ ଇସ୍ତଫା ଦିଅନ୍ତୁ ଓ ନିଜର ଯୁକ୍ତି ତଥା କର୍ମପନ୍ଥାର ଯଥାର୍ଥତା ପ୍ରତିପାଦନ ପାଇଁ ପୁନର୍ବାର ନିର୍ବାଚନର ସମ୍ମୁଖୀନ ହୁଅନ୍ତୁ। ଏସବୁ ମଧ୍ୟରେ ବାପା ନିଜର ଅନୁଗତ କର୍ମୀ ସୁଦର୍ଶନଙ୍କୁ ଶରତଙ୍କ ବିପକ୍ଷରେ ଠିଆ କରାଇ ଥିଲେ ଓ ତାଙ୍କୁ ନିଜର ବୁଦ୍ଧି, କ୍ଷମତା, ଅର୍ଥ ତଥା ହସ୍ତକ୍ଷେପ ଫଳରେ ବିଜୟୀ ମଧ୍ୟ କରାଇଲେ। ସୂର୍ଯ୍ୟ-ନାରାୟଣଙ୍କର

ବରଦ ହସ୍ତ ସୁଦର୍ଶନଙ୍କ ପାଇଁ ସର୍ବଦା ପ୍ରସାରିତ ହୋଇ ରହିଲା । ଯେଉଁମାନେ ନଦୀବନ୍ଧ ଯୋଜନା ବିଲ୍ ପାଇଁ ଶରତଙ୍କର ଶତ୍ରୁ ପାଲଟିଥିଲେ ସେମାନେ ସୁଦର୍ଶନଙ୍କୁ ସାହାଯ୍ୟ କଲେ । ତେଣୁ ନିର୍ବାଚନରେ ଶରତ ଶୋଚନୀୟ ଭାବରେ ପରାସ୍ତ ହେଲେ । ରାଜନୀତି ଜୀବନ ତ ଜୟ ପରାଜୟର ପଶାପାଲି । କିନ୍ତୁ ପାରିବାରିକ ଜୀବନରେ ମୋର ଅନୁରକ୍ତିହୀନତା ତାଙ୍କୁ ଆହୁରି ବିପର୍ଯ୍ୟସ୍ତ କରିଦେଲା । ସେ ମୋଠାରୁ ଏଭଳି ରୁକ୍ଷ ବ୍ୟବହାର ଆଶା ମଧ୍ୟ କରି ନଥିଲେ । ତେଣୁ ସେ ସରୋଜର କ୍ଲିନିକ୍‌ରେ ଯାଇ ପହଞ୍ଚିଲେ କିନ୍ତୁ ସାନ୍ତ୍ୱନା ପାଇବା ପାଇଁ ।

ସେହି ଛୋଟିଆ ମନସ୍ତାତ୍ତ୍ୱିକ କ୍ଲିନିକ୍, ସରୋଜଙ୍କ ଭାଷାରେ 'କାଉଁରୀ କାମାକ୍ଷାର ଦେଶ' ହିଁ ପାଲଟିଗଲା ସବୁ ଚରିତ୍ରମାନଙ୍କର ମିଳନ ସ୍ଥଳ । ଜୀବନ ଯୁଦ୍ଧରେ ବିପର୍ଯ୍ୟସ୍ତ କ୍ଳାନ୍ତ ସୈନିକମାନଙ୍କର ପାଇଁ ସାହାରାର ମରୁଦ୍ୟାନ । ନିଶ୍ଚିନ୍ତ ଆଶ୍ରୟସ୍ଥଳ । ମୋର ବାପା ଶିଳ୍ପପତିର ପୋଷାକ ଫିଙ୍ଗି ଦେଇ ନିଜର ଅହମିକାର ସିଂହାସନରୁ ଓହ୍ଲାଇ ଆସିଲେ । ଏକମାତ୍ର କନ୍ୟାର ଜୀବନ ବିପର୍ଯ୍ୟୟର କାରଣ ନିଜେ ବୋଲି ସ୍ୱୀକାର ମଧ୍ୟ କଲେ । କ୍ଷମତାର ନିଶତ ମଣିଷର ସହଜାତ । କିନ୍ତୁ କ୍ଷମତାକୁ ଜାବୁଡ଼ି ଧରିବାକୁ ପ୍ରାଣପଣେ ଚେଷ୍ଟା କରୁଥିବା ମଣିଷ ମୋର ବାପା ଯେ ମୋତେ ଏଥିପାଇଁ ବାଜି ଲଗେଇ ଦେଇଥିଲେ, ଡେରିରେ ହେଲେ ମଧ୍ୟ ଏକଥା ବୁଝିବାକୁ ସମର୍ଥ ହେଲେ । ମୁଁ ବାପାଙ୍କ ସହିତ ସରୋଜଙ୍କ କ୍ଲିନିକ୍‌ରେ ପହଞ୍ଚିଲି । ବାପା ତାଙ୍କ ଜୀବନର ପରାଜୟର ଆଦ୍ୟ ଇସ୍ତାହାର ଶୁଣାଇଲେ ମନସ୍ତତ୍ତ୍ୱବିତ୍ ସରୋଜଙ୍କୁ । ମୁଁ ସେଠାରେ ପହଞ୍ଚି ସ୍ୱାଭାବିକ ହୋଇ ଉଠିଲି । ନିଜ ହାତରେ ଚାହା କରି ବାପାଙ୍କୁ ଓ ସରୋଜଙ୍କୁ ଦେଲି । ସରୋଜ ମୋର କେଶ୍ ହିଷ୍ଟ୍ରି ବାପାଙ୍କଠାରୁ ଜାଣିଥିଲେ । ଯେଉଁ ଅଧାବୁଣା ରୁମାଲ ଖଣ୍ଡିକ ଧରି ମୁଁ ପାଗଳୀ ହୋଇଥିଲି ସେ ଖଣ୍ଡିକ ତାଙ୍କ ପାଖରେ ଥିଲା ଓ ସେ ବିଦେଶରେ ମଧ୍ୟ ମୋତେ ମନେ ରଖିଥିଲେ ବୋଲି ବୁଝାଇ ମୋ ମନରେ ପ୍ରତ୍ୟୟ ଜାଗ୍ରତ କରାଇଥିଲେ । ମୁଁ କିନ୍ତୁ ସେ ପର୍ଯ୍ୟନ୍ତ ତାଙ୍କ କ୍ଲିନିକ୍‌ରେ ଶରତଙ୍କ ଉପସ୍ଥିତି ସମ୍ପର୍କରେ ଜାଣି ନଥିଲି । ମୁଁ ଖାଲି ଏତିକି ହିଁ ଜାଣିଥିଲି ଯେ ନିର୍ବାଚନ ଯୁଦ୍ଧରେ ହାରି ସେ ଘର ଛାଡ଼ି କୁଆଡ଼େ ଚାଲିଯାଇଥିଲେ । କିନ୍ତୁ କୁଶଳୀ ମନସତ୍ତ୍ୱବିତ୍ ସରୋଜ ମୋତେ ଧରିଧରି ଅନ୍ୟ ଗୋଟେ ଘରକୁ ନେଇ ଯାଇଥିଲେ ଯେଉଁଠି ମୁଁ କଲ୍ୟାଣୀଙ୍କ ସହ ଏକ ଅନ୍ତରଙ୍ଗ ମୁହୂର୍ତ୍ତରେ ମୋର ସ୍ୱାମୀ ଶରତଙ୍କୁ ଦେଖି ପାରିଥିଲି । କର୍ତ୍ତବ୍ୟ କରିବା ଭିତରେ ହୁଏତ କଲ୍ୟାଣୀ ଶରତଙ୍କ ବ୍ୟକ୍ତିତ୍ୱ ପ୍ରତି ଆକର୍ଷିତା ହୋଇଥିଲେ । ହଠାତ୍ ନାରୀର ଈର୍ଷା ମୋ ଭିତରେ କ୍ରିୟାଶୀଳ ହୋଇ ଉଠିଲା । "ମୁଁ କେବେ ହେଲେ କଥା କହିବି ନାହିଁ"ର ଅଭିମାନ ମିଳେଇ ଗଲା । ଶରତଙ୍କୁ ସ୍ୱାଭାବିକ ଅବସ୍ଥାରେ

ଦେଖି ବାପା ଆନନ୍ଦିତ ହେଲେ। ଆମେ ଘରକୁ ଫେରିଲୁ। ସରୋଜଙ୍କ ଚିକିତ୍ସାକେନ୍ଦ୍ରର ଅଦ୍ଭୁତ କ୍ଷମତା ଦେଖି ସମସ୍ତେ ଆନନ୍ଦିତ ହୋଇଥିଲେ। ଅଜସ୍ର ପ୍ରଶଂସାରେ ସରୋଜଙ୍କୁ ଧନ୍ୟ କରି ଆମେ ଫେରି ଆସିଲୁ।

କିନ୍ତୁ ଏତିକିରେ କଥା ଶେଷ ହେଲା ନାହିଁ। ମୁଁ ବାଟରେ ଗାଡ଼ି ଅଟକାଇଲି। ଖଣ୍ଡେ କାଗଜରେ ଚିଠି ଲେଖିଲି ସରୋଜଙ୍କୁ। ସମସ୍ତେ ଜାଣିଲେ ମୁଁ ଖୁସିରେ ଫେରି ଆସିଲି। କିନ୍ତୁ ମୁଁ କ'ଣ ହଜାଇଲି ଆଉ କ'ଣ ପାଇଲି ଏକଥା କେହି ତ ଜାଣିଲେ ନାହିଁ। ମୁଁ ମଧ୍ୟ କାହାକୁ ଜାଣିବାକୁ ଦେଲି ନାହିଁ। ଚିଠିରେ ଲେଖିଥିଲି ଯେ ଆମେ ସବୁ ମଣିଷ, ଖୁବ୍ ଦୁଃଖୀ ମଣିଷ। ତେବେ ବୀଣାର ତାର ଛିଣ୍ଡିଗଲା ପରେ ମଧ୍ୟ ଆମକୁ ବଞ୍ଚିବାକୁ ହେବ। ଆଗାମୀ କାଲି ପାଇଁ। ସରୋଜ ସୃଷ୍ଟି କରିଥିବା ଦାଗକୁ ବୁକୁରେ ଜଡ଼ାଇ ଧରି ଆଗାମୀ ସକାଳ ପାଇଁ ବଞ୍ଚିବାକୁ ପଡ଼ିବ। ଏମିତି କାହିଁକି ଲେଖିଲି ତାହା ପାଇଁ ମୋ ପାଖରେ ଅବଶ୍ୟ କିଛି ଯୁକ୍ତି ନାହିଁ। ତଥାପି ଭାବୁଛି ନଲେଖିଥିଲେ ହୁଏତ ନିଜ ସହିତ ନିଜେ ପ୍ରତାରଣା ହିଁ କରିଥାଆନ୍ତି- ଆପଣମାନେ ହିଁ କୁହନ୍ତୁ। ମୁଁ କ'ଣ ଭୁଲ କଲି ? ଆଉ ଅଧିକା ବା କ'ଣ କରି ପାରି ଥାଆନ୍ତି। ମୁଁ ତ ଶରତଙ୍କ ପ୍ରେମକୁ ଅସମ୍ମାନ କରିନି। ସରୋଜଙ୍କ ସ୍ମୃତି ପ୍ରତି ବିଶ୍ୱାସଘାତକତା କରିନି। କେଉଁ ଭାଷାରେ ବୁଝାଇ ଦେଇଥାଅନ୍ତି ମୋ ବାପାଙ୍କର ସ୍ୱାର୍ଥପରତାକୁ। କେଉଁଭଳି କହିଥାଅନ୍ତି ରୁମାଲ ବୁଣିବାର ଅନ୍ତରଙ୍ଗ ସମୟ ସବୁ କାହା ସ୍ମୃତି ପାଇଁ ଉତ୍ସର୍ଗୀକୃତ ଥିଲା।

ମୁଁ ସରସୀ। 'ଆଗାମୀ'ର ନାୟିକା। ଆପଣମାନେ ମୋତେ ଘରକୁ ଫେରିଯିବାର ଦେଖିଲେ। କିନ୍ତୁ ମୁଁ କେଉଁଠି ପହଞ୍ଚିଲି ? ମୋର ପୂର୍ବଠିକଣା ପାଇଲି କି ନାହିଁ କିଛି ଖବର ରଖିଲେନିତ ?

■

ନନ୍ଦିକାର' କଥା କେତେ ପଦ

(କାହ୍ନୁଚରଣଙ୍କ 'କା' ଉପନ୍ୟାସର ନାୟିକା ନନ୍ଦିକାର ଆତ୍ମଲିପି)

ମୁଁ ନନ୍ଦିକା ରାଜଜେମା ସୁବର୍ଣ୍ଣକେଶରୀଙ୍କ କନ୍ୟା ନନ୍ଦିକା ନୁହେଁ, ସ୍ରଷ୍ଟା କାହ୍ନୁଚରଣଙ୍କର ମାନସ କନ୍ୟା 'କା'ର ନାୟିକା ନନ୍ଦିକା। ଏବେ ମୁଁ ଉତ୍ତୀର୍ଣ୍ଣ ଯୌବନା ପ୍ରୌଢ଼ା। ତଥାପି ମୋ ଦୃଷ୍ଟି ଦେଇ ଆଜିକାଲିକା ଝିଅଙ୍କ ପାଇଁ କିଛି କହିବି ବୋଲି ତୁଣ୍ଡ ଖୋଲିଛି। ମୁଁ ସର୍ବଗୁଣ ସମନ୍ୱିତା। ସେହି ସବୁ ଗୁଣ ଯାହାକି ଏକଦା ଗୋଟେ ଭଲ ବୋହୂର ରହିବା ଉଚିତ ବୋଲି ମନେ କରାଯାଉଥିଲା ଏଇ ଧର ନ ତିଅଣ ଛଅ ଭଜା କରିବା, ଝୋଟି ମୁରୁଜ ପାଇବା, ପାନ ଭାଙ୍ଗିବା, ଗଛବୃଛଠୁଁ ଗୋରୁ ଗାଈ ସବୁରି ଯତ୍ନ ନେବା, ଶାଶୂଙ୍କୁ ମୁଠି ମୁଠି କରି ଘଷିମୋଡ଼ି ଦେବାଠୁ ସାହି ପଡ଼ିଶାଙ୍କୁ ଆଦର ଯତ୍ନ କରିବା ପର୍ଯ୍ୟନ୍ତ। ଆଉ ସ୍ୱାମୀ ସ୍ୱନନ୍ଦ। ତାଙ୍କ ନାଁ ଧରୁଛି ବୋଲି ହସୁଛ କି ? ତୁମମାନଙ୍କ ସୁବିଧା ଲାଗି ଧରୁଛି। ଶାଶୂଙ୍କ ଆଗରେ ଦିନେ ବି ଧରିନି। ତାଙ୍କୁ ପାଇ ମୋତେ ସ୍ୱର୍ଗର ଚାନ୍ଦ ପାଇଲା ପରି ଲାଗୁଥିଲା। ଚାଷବନ୍ଦୀ ଘରର ଏକମାତ୍ର ପୁଅ ସେ। ପୁଣି ବ୍ୟବସାୟ କରି ପଇସାରେ ବାଟ ଚାଲୁଥିଲେ। କିନ୍ତୁ ମୋ ଲାଗି ତାଙ୍କର ବ୍ୟବସାୟୀ ବୁଦ୍ଧି ଅକାମୀ ହୋଇଯାଉଥିଲା। ତାଙ୍କ ଆଦର ସୋହାଗରେ ମୁଁ ରୀତିମତ ଅଣନିଶ୍ୱାସୀ ହୋଇପଡୁଥିଲି। ଆଉ କନି ! ସେ ତ ମୋର ସବୁଠାରୁ ବଡ଼ ପ୍ରଶଂସିକା ଥିଲା। ହେଲେ ମୋର ଗୋଟେ ଦୋଷ ଥିଲା। ବିବାହର ନଅବର୍ଷ ଯାଏ ମୁଁ ମାଆ ହୋଇପାରି ନ ଥିଲି। ଏବେ ତ ତୁମେମାନେ ସବୁ ଶୁଣିଲେ ହସିବ। ଷୋହଳ ବର୍ଷରେ ବାହା ହୋଇଥିଲି ଯେ ନଅ ବର୍ଷ ପରେ ମୋତେ ହୋଇଥିଲା ପଚିଶି ବର୍ଷ। ଯେଉଁ ବୟସରେ ଆଜି ତୁମେମାନେ ହୁଏତ ବିବାହର ସ୍ୱପ୍ନ ଦେଖୁଛ। ମୋ ପାଇଁ ସବୁ ଓଲଟା ଥିଲା। ପଚିଶିବର୍ଷ ବୟସରେ ମୋର ଦେହର ଦାହ ଉପଶମିତ ହୋଇଯାଇଥିଲା। ଖାଲି ଚିନ୍ତା ଥିଲା ପରିବାର ପାଇଁ ସନ୍ତାନଟିଏ ସଂସାରକୁ ଆଣିବାକୁ। ସ୍ୱାମୀଙ୍କ ଅତ୍ୟଧିକ ଆଗ୍ରହ ଏଡ଼ି ନ ପାରି ଡାକ୍ତରାଣୀଙ୍କୁ ଦେଖାଇଲି ଯେ ସେ କହିଲେ ପେଟରେ ଯନ୍ତ

ବିଗିଡ଼ିଛି । ପିଲା ହେବା ସମ୍ଭବ ନୁହେଁ । ତେବେ ଠାକୁରଙ୍କୁ ଡାକନ୍ତୁ । ଆଚ୍ଛା କହିଲ ? ତୁମକୁ ଯଦି କିଏ କହିବ ତୁମ ପେଟର ଯନ୍ତ୍ର ବିଗିଡ଼ିଛି ତୁମେ କ'ଣ ଚୁପ୍‌ଚାପ୍ କର୍ମକୁ ଉଣ୍ଡାଳି ବସିରହିବ ? ଭାଗ୍ୟକୁ ଆଦରି ସୁନା ବୋହୂର ବାହା ବା ନେବାକୁ ସଉତୁଣୀ ଆଣିବାକୁ ମନ କରିବ ? କି ଅଲାଜୁକ କଥା କହତ ? ତୁମେ ଆହୁରି ବଡ଼ ଡାକ୍ତର ଦେଖାଇବ । ଦିଲ୍ଲୀ ବମ୍ବେ ନ ହେଲେ ସ୍ୱଚ୍ଛଳ ଅବସ୍ଥା ଥିଲେ ଫରେନ୍ ବି ଯାଇପାର । ବହୁ ବ୍ୟବସ୍ଥା କରିପାର । ନହେଲେ ଖୁବ୍ ବେଶି ଅସୁବିଧା ହେଲେ ସ୍ୱାମୀଙ୍କ ଔରସରୁ ଟେଷ୍ଟ ଟ୍ୟୁବ ବେବିଟିଏ ଜନ୍ମ କରାଇ ନିଜର ମାତୃତ୍ୱକୁ ସନ୍ତୁଷ୍ଟ କରିପାର । ଶାଶୂଙ୍କୁ କୁଳପ୍ରଦୀପଟିଏ ଉପହାର ଦେଇପାର । କିନ୍ତୁ ଆମ ସମୟରେ ସେ ସବୁ କଥା ଚିନ୍ତା ମଧ୍ୟ କରାଯାଇ ନ ଥିଲା । କଟକରୁ ଫେରିବା ପରେ ମୋତେ ଅନାଇ ଶାଶୂ ତଥା ପଡ଼ୋଶୀମାନଙ୍କର ଯେଉଁ ହତାଶା ମନୋଭାବ ମନେ ପଡ଼ିଲେ ଦେହ କ'ଣ ହୋଇଯାଉଛି । ହାୟ ହାୟ ଏଇ ସ୍ତ୍ରୀଲୋକଟି ମାଆ ହୋଇ ପାରିବ ନାହିଁ । ଏ କ'ଣ ସହିହୁଏ । ଶାଶୂଙ୍କର ଏକା ଜିଦ୍ ସେ ପର ପୁଅକୁ ପୁଅକରି ଆଣିବେନି । ତାଙ୍କର ଦରକାର ସୁନନ୍ଦଙ୍କର ରକ୍ତର ସନ୍ତାନ । ମୋର ବି କ'ଣ ଦରକାର ନ ଥିଲା ? ଦେହର ଉତ୍ତେଜନା ଶିଥିଳ ହୋଇ ଆସୁଥିବା ବେଳେ ମନେ ହୋଇଥିଲା ଶାଢ଼ି ଗହଣା ପିନ୍ଧି ସ୍ୱାମୀର ମନୋରଞ୍ଜନ କରିବାରେ ନାରୀ ଜନ୍ମର ସାର୍ଥକତା ନାହିଁ, ଅଛି ସନ୍ତାନର ମାଆ ହୋଇ ବଂଶର ରକ୍ତଧାର ଚିରସ୍ରୋତା ରଖିବାରେ । ତେଣୁ ମୁଁ ପ୍ରସ୍ତାବ ଦେଲି ଯେ ସୁନନ୍ଦ ଦ୍ୱିତୀୟ ବିବାହ କରନ୍ତୁ । ମୋର ଆଶାଥିଲା ଏଭଳି ପ୍ରସ୍ତାବରେ କେହି ରାଜି ହେବେନି । କିନ୍ତୁ ମୋତେ ଚକିତ କରି ମୋ ଶାଶୂ ଏ ବିଷୟରେ ପ୍ରଚ୍ଛନ୍ନ ସମ୍ମତି ଦେଲେ ଓ ସୁନନ୍ଦ ମନାଇଁ ଏ ଦୁଃସାଧ କାର୍ଯ୍ୟ କରିବାକୁ ମୋତେହିଁ ନିଯୁକ୍ତ କରିଦେଲେ । ସୁନନ୍ଦଙ୍କୁ ଏଭଳି ପ୍ରସ୍ତାବ ଦେଲାବେଳେ ବଡ଼ କଷ୍ଟ ହୋଇଥିଲା । ଏକି ବିଚିତ୍ର ବିଡ଼ମ୍ବନା କହନି ? ନଣନ୍ଦଙ୍କ ସମ୍ପର୍କୀୟା ଲଳିତାର ଫଟୋ ଦେଖାଇ ସ୍ୱାମୀଙ୍କୁ ରାଜି କରାଇବାର ଆୟାସସାଧ୍ୟ ମୁହୂର୍ତ୍ତରେ ମୋ ଆଖିର ଲୁହ ତାଙ୍କୁ ତରଳାଇ ଦେଲା । ବାଧ୍ୟରେ ସେ ହଁ କଲେ, ତା' ପୁଣି ମୋର ଇଚ୍ଛାକୁ ସମ୍ମାନ ଦେବାକୁ । ମୁଁ ଭାବିଥିଲି ସେ ହୁଏତ କହି ଥାଆନ୍ତେ "ତୁମ ବିନା ମୋ ଜୀବନରେ ଦ୍ୱିତୀୟ ନାରୀର ସ୍ଥାନ ନାହିଁ ।" କିନ୍ତୁ ତା ହେଲାନି । ମୋ ମୁହଁର କଥା ସମସ୍ତେ ମାନିନେଲେ । ମନର କଥା ଅକୁହା ରହିଲା । ଲଳିତା ପାଇଁ ଗହଣା ଗଢ଼ାଇବା ଠାରୁ ଆରମ୍ଭ କରି ତାଙ୍କୁ ସଜବାଜ କରି ସ୍ୱାମୀଙ୍କ ବାସର କକ୍ଷରେ ଛାଡ଼ିଲା ପର୍ଯ୍ୟନ୍ତ ମୁଁ ବେଶ୍ ସ୍ୱାଭାବିକ ଥିଲି । କର୍ତ୍ତବ୍ୟ କରିଥିବାର ଆନନ୍ଦରେ ଉଛୁଳି ଉଠୁଥିଲି । ଗାଁ ମାଇପେ କହିଥିଲେ ଅଲାଜୁକୀ । କିଏ କିଏ କହିଥିଲେ, "ତୋ ପୁଅ ବାହାଘର ହେଉଛି କି ?" ମୁଁ ସେ କଥାରେ ବି କାନ ଦେଇ ନ ଥିଲି ।

କିନ୍ତୁ ବାସର ରାତିରେ ଲଳିତାକୁ ସ୍ୱାମୀଙ୍କ ପାଖରେ ଛାଡ଼ି ଆସି ମୁଁ ସାରାରାତି ଶୋଇପାରି ନ ଥିଲି। ଦୁଆର କିଳି ସାରାରାତି ବସି କାନ୍ଦିଥିଲି। କାହିଁକି ? ସବୁ ତ ମୋର ଯୋଜନା ଥିଲା। ତେବେ ତା'ର ସ୍ୱାଭାବିକ ଫଳାଫଳକୁ ସହ୍ୟ କରିବାର ଶକ୍ତି ମୁଁ ହରାଇ ବସିଥିଲି ଯାର ଉତ୍ତର ମୋ ପାଖରେ ନାହିଁ। କେଉଁ ମନୋବିଜ୍ଞାନୀ ଏ କଥା କହି ପାରିବେ ତାଙ୍କୁ ମୁଁ ଚିହ୍ନିନି। ଲଳିତାର ମଧୁର ବ୍ୟବହାର ମୋତେ ଆତ୍ମବିସ୍ମୃତ କରିଥିଲା ସତ୍ୟ ମାତ୍ର ବେଳେବେଳେ ମୁଁ ସ୍ୱପ୍ନ ଦେଖୁଥିଲି ମୁଁ ଲଳିତାର ତଣ୍ଟି କଣା କରି ରକ୍ତ ପିଇଯାଉଛି। ମୋ ସ୍ୱାମୀଙ୍କ ଛାତି ଉପରୁ ତାକୁ ଜୋର କରି ଉଠାଇ ଆଣୁଛି। ସ୍ୱାମୀଙ୍କୁ କରଛଡ଼ା ଦେଇ ରହୁଥିଲି। ସେ ପାଖକୁ ଆସିଲେ କାମର ବାହାନା କରି ଆଡ଼େଇ ଯାଉଥିଲି। କିନ୍ତୁ ମନ ହୁଏତ ଖୋଜୁଥିଲା ଗୋଟେ ବଳିଷ୍ଠ ବାହୁ ଯିଏ ମୋତେ ଭିଡ଼ି ନିଅନ୍ତା, ଭାଙ୍ଗିଦିଅନ୍ତା ମୋର ସବୁ ଅହଂକାର। ଏମିତିରେ ଜିଦ୍ କ'ଣ କମ୍ କି ? ନିଜକୁ ପାଞ୍ଚଜଣ ଭଲ କହନ୍ତୁ, ସାବାସ୍ ଦିଅନ୍ତୁ ଏଥିପାଇଁ ତ ମୁଁ ସଉତୁଣୀ ଆଣିଲା ଭଳି ଢିଙ୍କିଗିଳା କାମ କରିପାରିଲି। ବ୍ୟତିକ୍ରମ ହେବାର ଯେଉଁ ନିଶା ମୋତେ ଘାରିଥିଲା ତା'ର ବିଷମୟ ଫଳ ମୋ ଛଡ଼ା ଆଉ କିଏ ବା ଭୋଗନ୍ତା।

ଲଳିତା ହାତକୁ ନିର୍ବିକାରରେ ଭଣ୍ଡାର ଘର ଚାବି ବଢ଼ାଇ ଦେଲି। ତା'ର ଅଭାବଗ୍ରସ୍ତ ଭାଇଭାଉଜଙ୍କ ପାଇଁ ତାକୁ ନ ଜଣାଇ ହଜାର ହଜାର ଟଙ୍କା ପଠାଇଲି। କିନ୍ତୁ ଲଳିତା କଟକ ଯିବା ସମୟରେ ତା'ର ଭାଇ ଭାଉଜ ତାକୁ ଶିଖାଇଲେ ଘରଭଙ୍ଗା ବୁଦ୍ଧି। ଫଳରେ କଟକରେ କୋଠା ତିଆରି ହେବା ଲାଗି ସାତପୁରୁଷର ଜମି ବିକ୍ରି ହୋଇଗଲା। ମୋର ଗହଣାତକ ମଧ୍ୟ ହସ୍ତାନ୍ତରିତ ହେଲା। ଏଇ ଲଳିତାର ବାହାଘର ପୂର୍ବରୁ ମୋତେ କ'ଣ ମୋ ଭାଇଭାଉଜ ତାଙ୍କ ପୁଅମାନଙ୍କ ଭିତରୁ ଗୋଟିକୁ ପୁଅ କରି ଆଣିବାକୁ ଶିଖାଇ ନ ଥିଲେ କି ? ହେଲେ ତୁମେ ସବୁ କୁହ। ମୁଁ କ'ଣ ସେଥିରେ କାନ ଦେଇଥିଲି ? ମନେପଡୁଛି - ଥରେ ମୋତେ ଟାଇଫଏଡ୍ ହୋଇଥିଲା। ସେ କେଇଦିନ ଲଳିତା ମୋର ଖୁବ୍ ସେବା କରିଥିଲା। ମୋ ସ୍ୱାମୀ ସେଦିନ ତାକୁ ମୋ ପାଖରେ ଜଗି ନ ବସିବାକୁ କହି ଶୋଇବା ଘରକୁ ଟାଣି ନେଇଥିଲେ। ମୋର ଅଭିମାନ ହୋଇଥିଲା। କିନ୍ତୁ କ'ଣ କହିବି ? କାହାକୁ ବା କହିବି ? "ଆପଣା ହସ୍ତେ ଜିହ୍ୱା ଛେଦି। ତାର କେ ଅଛି ପ୍ରତିବାଦୀ" ସେ ସାନଝିଅଟି କ'ଣ ମୋର ଶତ୍ରୁ। ମୋର ନିପାରିଲା ପଣ ପାଇଁ ସିନା ସେ ଏ ଘରର ଏରୁଣ୍ଡି ବନ୍ଧ ଡେଇଁଲା। ତେବେ ସ୍ତ୍ରୀ ପ୍ରତି ସ୍ୱାମୀର କର୍ତ୍ତବ୍ୟକୁ ମୁଁ କାହିଁକି ମୋର ଅପମାନ ବୋଲି ଭାବି ବସିଲି ଯେ! ଏ ଭାବନାରୁ ତ କେହି ଚେନାଏ ବି ଭାଗ ନେଇପାରିବେ ନାହିଁ।

ମୋ ଭିତରେ ଦୁଇଟି ପରସ୍ପର ବିରୋଧୀ ଭାବନା କ୍ରିୟାଶୀଳ ହେଉଥିଲେ।

ଗୋଟେ ମୁହୂର୍ତ୍ତରେ ମନେ ହେଉଥିଲା ସମସ୍ତେ ମୋର। ମୁଁ ମୋର ଘରର ସର୍ବମୟୀ କର୍ତ୍ତ୍ରୀ। ମୁଁ ସମସ୍ତଙ୍କୁ ଚଳାଇ ନେବି। ଲଳିତା କାଲିକା ପିଲା। ତା'ର ବା ଦୋଷ କ'ଣ? ପର ମୁହୂର୍ତ୍ତରେ ମୁଁ ପ୍ରତିଶୋଧ ପ୍ରବଣ ହୋଇ ଉଠୁଥିଲି। ନିଜ ଦେହର ଯତ୍ନ ନେବାତ କେଉଁକାଳୁ ଛାଡ଼ି ସାରିଥିଲି। ମୋର ମନେ ହେଉଥିଲା ମୋତେ ସମସ୍ତେ ଅବହେଳା କରି ଚାଲିଛନ୍ତି। ମୋର ପ୍ରାଣଦିଆ ସେବା ଯତ୍ନର କୌଣସି ପ୍ରତିଦାନ ଦେଇ ନାହାନ୍ତି। ତେଣୁ ଜାଣି ଜାଣି ମୁଁ ସବୁରିକୁ ଆଡ଼େଇ ହୋଇ ରହୁଥିଲି। ନିଷ୍ଫଳ ଆକ୍ରୋଶରେ ନିଜ ଭିତରେ ନିଜେ ଜଳି ଯାଉଥିଲି। ଏ ସବୁ ଭିତରେ ମୁଁ ଫେରି ପାଇଥିଲି ମୋର ସ୍ୱାମୀଙ୍କ ସ୍ନେହ। ସ୍ନେହ ବା କାହିଁକି କହିବି ଦୟା କି ସହାନୁଭୂତି ଶବ୍ଦଟିଏ ସେଠି ଯୋଡ଼ା ଯାଇପାରେ। ଯାହା ହେଉ ଶେଷରେ ଭଗବାନ ମୋ ଡାକ ଶୁଣିଲେ।

ଡାକ୍ତରଙ୍କ ଭବିଷ୍ୟତ ବାଣୀଙ୍କୁ ଭୁଲ ବୋଲି ପ୍ରମାଣ କରି ମୁଁ ହେଲି ସନ୍ତାନସମ୍ଭବା। ଶାଶୂ ତ ବହୁତ ଦିନରୁ ଅପରାଧ ବୋଧରେ ଘାରି ହେଉଥିଲେ। ନିଜକୁ ମୋର ଭାଗ୍ୟ ବିପର୍ଯ୍ୟୟ ପାଇଁ ଦାୟୀ କରୁଥିଲେ। ମୁଁ କିନ୍ତୁ ଥିଲି ନିର୍ବିକାର। ଲଳିତାକୁ କଟକ ପଠାଇ ଦେଇ ଘରର ଯାବତୀୟ କାମ କରୁଥିଲି। ଦେହପାର ଯତ୍ନ, ଔଷଧ, ଖାଦ୍ୟ ଏସବୁର କୌଣସି ଚିନ୍ତା ମୋର ନ ଥିଲା। ଲଳିତା ସମ୍ପର୍କରେ ଗୁଡ଼ାଏ ଯାଉ ସାଉ କଥା ଶୁଣି ବି ଚୁପ୍ ଥିଲି। କିନ୍ତୁ ଜଣେ ଠିକ୍ ବୁଝିପାରୁଥିଲା ଯେ ମୁଁ ଜଳନ୍ତା ମହମବତୀ ପରି ଆସ୍ତେ ଆସ୍ତେ ସରିଯାଉଛି। ସେ ହେଲା କନି। ମୋ ଦେହ ଅତିଶୟ ହେବାରୁ କଟକ ଖବର ଗଲା। ଲଳିତା ବୋଧେ ଏତେ ସ୍ୱାଧୀନତା ଛାଡ଼ି ଆସିବାକୁ ଚାହୁଁ ନ ଥିଲା। ତେବେ ଶେଷରେ ସେ ଆସିଲା। ଚାଲାଖ୍ ଝିଅ ସେ। ସମସ୍ତଙ୍କ ଭୁଲ୍ ବୁଝାମଣା କାହିଁକି ତା ପାଇଁ ରଖିଥାଆନ୍ତା। ମୋର ବି ଆଉ କୋଉ ବେଳ ଥିଲା ଯେ। ବଂଶର ରକ୍ତଧାରକୁ ଜୀବନ୍ୟାସ ଦେଇସାରିଲା ପରେ ଆଉ କି ସଫଳତା ମୋ ଲାଗି ବାକୀ ଥିଲା? ତେଣୁ ମୋର 'କା' ସାଜି ଏ ଘରକୁ ଆସିଥିବା ଲଳିତା ହାତରେ ଦେଇଗଲି ମୋର କାମନାର ସନ୍ତକ, ସେ ବଂଶର କୁଳପ୍ରଦୀପକୁ। ସେ ମୋର 'କା' ହୋଇ, ମୋର ପ୍ରତିନିଧି-ହୋଇ ତାକୁ ବଢ଼ାଇବ, ତାକୁ ସମାଜ ପାଇଁ ଉପଯୁକ୍ତ କରି ଗଢ଼ିବ। ମୁଁ କା'ର ନାୟିକା ନନ୍ଦିକା। ମୋର ଏଭଳି ଭାଗ୍ୟ ବିପର୍ଯ୍ୟୟର କର୍ତ୍ତ୍ରୀ। ମୋ ଜୀବନର ଏଭଳି ଚାଞ୍ଚଲ୍ୟକର ଦିଗ ପରିବର୍ତ୍ତନ ପାଇଁ ଦାୟୀ କିଏ? ଏଥିରେ କାହାର ହାତ ଥିଲା? ଈଶ୍ୱରଙ୍କର, ଭାଗ୍ୟର, ସମାଜର, ପରିବାରର ନାଁ ମୋ ନିଜର?

■

'ଶଙ୍ଖା ସିନ୍ଦୂର'ର ଶପଥ ମଧ୍ୟରେ 'ବାଣୀ'

(ଗୋପାଳ ଛୋଟରାୟଙ୍କ 'ସଖାଂସିନ୍ଦୁର୍'ର ଚରିତ୍ର 'ବାଣୀ'ର ଆତ୍ମଲିପି)

ଭାରତୀୟ ନାରୀ ଜୀବନର ବହୁ ଆକାଙ୍କ୍ଷିତ ବସ୍ତୁ ଶଙ୍ଖା ଆଉ ସିନ୍ଦୂର, ଯାହା ବଳରେ ନାରୀ ସ୍ୱର୍ଗର ଦେବତାଙ୍କ ସହିତ ମଧ୍ୟ ସ୍ପର୍ଦ୍ଧା କରିପାରେ। କିନ୍ତୁ ମୁଁ କହୁଛି ନାଟ୍ୟକାର ଗୋପାଳ ଛୋଟରାୟଙ୍କର ବହୁ ପ୍ରଶଂସିତ ନାଟକ 'ଶଙ୍ଖା ସିନ୍ଦୂର' ସମ୍ପର୍କରେ। ୧୯୫୫ରେ ଯେଉଁ ନାଟକ ସମଗ୍ର ଓଡ଼ିଶାକୁ ଚମକେଇ ଦେଇଥିଲା। ମୁଁ ସେହି ନାଟକର ନାରୀ ଚରିତ୍ର ବାଣୀ, ନାୟିକା ବୋଲି ନିଜକୁ କହିବାର ଗର୍ବ ମୋର ନାହିଁ। କାରଣ ନାୟିକାର ନିଷ୍ଠା ଓ ଚାରିତ୍ରିକ ଦୃଢ଼ତା ମୋ ପାଖରେ ନ ଥିଲା। ତଥାପି ମୁଁ ବାଣୀ, ରାସବିହାରୀ ପଟ୍ଟନାୟକଙ୍କ କନ୍ୟା। ଶାଶୂ ତୁଳସୀ ଦେବୀଙ୍କର ଆଦରଣୀୟା ବୋହୂ। ଶରତ ବାବୁଙ୍କର ପ୍ରାଣାଧିକା ପତ୍ନୀ। ଉତ୍ତମବାବୁଙ୍କର ଭାଉଜ-ସର୍ବୋପରି ଖାନ୍‌ଦାନି ପରିବାରର କୁଳବଧୂ। ସ୍ୱାମୀଙ୍କର ପ୍ରେମ ମୋ ପାଇଁ ଅତୁଟ। ମୋର ଶାଢ଼ି ବା ଅଳଂକାରକୁ ନୁହେଁ। ସେ ଭଲ ପାଆନ୍ତି ମୋତେ। ମୋର ସରଳତାକୁ, ମୋର ଆଚରଣକୁ। ଆଉ ଶାଶୂ ତ ମୋର ଦେବୀ। ତାଙ୍କ ପୁଅଠାରୁ ମୋତେ ସେ ବେଶି ଭଲ ପାଆନ୍ତି। ମୋ ଉପରେ ଭରସା ମଧ୍ୟ ରଖିପାରନ୍ତି। ତାଙ୍କ ପୁଅ ସହରରୁ ଗାଁକୁ ଫେରିବା ଦିନ ବାଛିବାଛି ମୋତେ ଅଳଂକାର ପିନ୍ଧାଇ ଦିଅନ୍ତି। ଆକଟ କରନ୍ତି ଯେ ସ୍ୱାମୀର ମନ ନେବାକୁ ସଧବା ନାରୀ ସଜାଇ ହେବା ଉଚିତ।

ଏତେ ଆଦର ଆଉ ଆନ୍ତରିକତା ଭିତରେ ମୋର ଦିନଗୁଡ଼ାକ ଖୁବ୍ ଆନନ୍ଦରେ କଟି ଯାଉଥିଲା। ହେଲେ ମୋ ବାପା ଯେ କାହିଁକି ଆମ ପରିବାର ଭିତରେ ନାକ ଭର୍ତ୍ତି କଲେ ମୁଁ ବୁଝି ପାରୁନି। ସେକ୍ରେଟାରିଏଟ୍‌ରେ କିରାଣୀ ହୋଇଥିବା ତାଙ୍କ ଜ୍ୱାଇଁ ନିଜ ବିଲକୁ ଯିବା ବା ଚାଷ ବାସର ତଦାରଖ କରିବା ମଧ୍ୟ ତାଙ୍କ ଦେହରେ ଯାଉ ନ ଥିଲା। ମୋ ଶାଶୂଙ୍କୁ ତ ସେ ସାତପର ବୋଲି ମନେ କରୁଥିଲେ। ସତରେ ଆମ ସମାଜରେ ମୋ ବାପାଙ୍କ ଭଳି ଶଶୁରମାନଙ୍କ ହସ୍ତକ୍ଷେପ ଫଳରେ କେତେ ଘର

ବରବାଦ ହୋଇଯାଉଛି କହନ୍ତୁ ତ? କଥା କଥାକେ ସେ ମୋତେ ମୋର ସ୍ୱର୍ଗୀୟା ମା'ଙ୍କର ଉଦାହରଣ ଦେଉଥିଲେ। ମୋ ମା' କିଭଳି ବାପାଙ୍କୁ କାନଧରି ଉଠବସ୍ କରାଉଥିଲେ ସେ ସବୁ ଘଟଣା ମୋ କାନେ କାନେ କହୁଥିଲେ। ଶେଷରେ ଚାଲାକ୍ କରି ସେ ମୋତେ ଓ ମୋ ସ୍ୱାମୀଙ୍କୁ କଟକନେଇ ଆସିବାରେ ସଫଳ ହେଲେ। ମୋ ଶାଶୂ ସାତ ପୁରୁଷ ଭିଟାମାଟି, ଗାଈ ଗୋରୁ, ଜମିବାଡ଼ି ହଳବଳଦ ଦାୟିତ୍ୱରେ ବାନ୍ଧି ହୋଇ ରହିଗଲେ। ଆମ କଟକ ଆସିଲୁ। ନୂଆ କରି ଡେଣା ଲାଗୁଥିବା ଚଢ଼େଇ ମୁଁ। ବୟସ ବା କେତେ ସେତେବେଳକୁ। ହେଇ ହେଇ ୧୭/୧୮ ହୋଇଥିବ। କିନ୍ତୁ ବାପାଙ୍କ ମନ୍ତ୍ରଣାରେ ରାଜି ହୋଇ ମୁଁ କଟକ ଆସି ନ ଥିଲି। କଟକରେ ସ୍ୱାମୀଙ୍କ ସହିତ ଏକାଠି ସଂସାର କରିବା ସେତେବେଳେ ମୋ ଭଳି ଝିଅମାନଙ୍କ ଜୀବନର ବହୁ ଆକାଙ୍‌କ୍ଷିତ ସ୍ୱପ୍ନ ହିଁ ଥିଲା। ତେଣୁ କଟକ ଆସି ଘରଣୀ ସାଜିବା ଭିତରେ ସେହି ସ୍ୱପ୍ନଟି ସାର୍ଥକ ହୋଇଥିଲା ବୋଲି ମୁଁ ଖୁବ୍ ଖୁସିଥିଲି।

ହେଲେ ମାଧବୀକୁ ଦେଖି ସେଦିନ ମୋ ମନ କ'ଣ ପାଇଁ ଦବି ଯାଇଥିଲା। କଟକ ଆସିବାର ଦୁଇଦିନ ପରେ ଶରତଙ୍କୁ ଗଳିମୁଣ୍ଡ ରାସ୍ତାରେ ଠିଆ ହୋଇ ମାଧବୀ ସହିତ କଥା କହୁଥିବା ମୁଁ ଦେଖିଥିଲି। କିନ୍ତୁ ଶରତଙ୍କ ଉପରେ ଯେ ମୋର ଅଶେଷ ଆସ୍ଥା। ମନ କଥାକୁ ମନରେ ମାରି ମୋ ଦାୟିତ୍ୱ ତୁଲାଇବା ସମୟରେ ବାପା ଆସି ଶରତଙ୍କ ସମ୍ପର୍କରେ ଏଭଳି କିଛି କଥା କହିଥିଲେ ଯାହା ଦ୍ୱାରା ଶରତଙ୍କ ପ୍ରତି ଥିବା ମୋର ସନ୍ଦେହ ବଢ଼ି ଯାଇଥିଲା। ସାଧାରଣ ମଫସଲୀ ଝିଅଟିଏ ମୁଁ। ଶିକ୍ଷାଦୀକ୍ଷା ସେମିତି କିଛି ବେଶି ମଧ୍ୟ ନୁହେଁ। ସ୍ୱାମୀଙ୍କୁ ଗୋଟାସୁଦ୍ଧା ନିଜ ପଣତ କାନିରେ ବାନ୍ଧି ରଖିବାକୁ ଭଲା କେଉଁ ନାରୀ ନ ଚାହେଁ? ମୋର ପଡ଼ୋଶୀ ଲଳିତା ଦେଈ ମଧ୍ୟ ବାପାଙ୍କ ପ୍ରତିନିଧି ସାଜି ବାରମ୍ବାର ମୋ କାନରେ କୁମନ୍ତ୍ରଣା ଦେବାରେ ଲାଗିଲେ। ଆଜି ମୋର ସ୍ୱପ୍ନ ଭାଙ୍ଗିଛି ବୋଲି କୁମନ୍ତ୍ରଣା କହୁଛି। ହେଲେ ସେଦିନ ! ସେଦିନ ତାଙ୍କର ଆଧୁନିକ ଚାଲିଚଳଣି, ଦିଲ୍ଲୀସହର ବିଷୟରେ ଅନର୍ଗଳ ଗପ, ସ୍ୱାମୀଙ୍କର ଗାଡ଼ି କୋଠା ଦରମା ପ୍ରଭୃତିର ଅଯଥା ପ୍ରଶଂସା ସହିତ ସମାଜ ସେବା ପାଇଁ କ୍ଲବ୍ ଗଠନ ଓ ରାମଲୀଳା ନାଟକ ପରିବେଷଣ କଥା ଶୁଣି ଓ ଦେଖି ମୁଁ ତ ତାଙ୍କର ସ୍ତାବକ ପାଲଟି ଯାଇଥିଲି। ବାପା ତ ତାଙ୍କୁ ଧର୍ମ ଝିଅ କରି ପକାଇଥିଲେ। ଆମ ଘରକୁ ଆସିଲେ ସେଠି ଖାଉଥିଲେ। ଶରତ କିନ୍ତୁ ଥିଲେ ସମ୍ପୂର୍ଣ୍ଣ ନିର୍ବିକାର। ସେ ବାପାଙ୍କୁ ଆସିବାକୁ ମନା କରିପାରୁ ନ ଥିଲେ ବା ସ୍ୱାଭାବିକ ଭାବରେ ଗ୍ରହଣ ମଧ୍ୟ କରିପାରୁ ନ ଥିଲେ। ସେ ତାଙ୍କ ପ୍ରବନ୍ଧ, କବିତା, ଭଞ୍ଜଜୟନ୍ତୀ, ସାହିତ୍ୟସଭା ପ୍ରଭୃତି ନେଇ ବ୍ୟସ୍ତ ଥିଲେ।

କିନ୍ତୁ ମୋ ମନକୁ ଗୋଟିଏ କଥା ଖଟ୍‌କା ଲାଗିଥିଲା। ତାହା ଥିଲା ମାଧବୀ

ପ୍ରତି ମୋର ସନ୍ଦେହ। ମାଧବୀ ଥିଲା ଶକୁନ୍ତଳା ବାଈ ବେଶ୍ୟାର କନ୍ୟା। ସେ ହୁଏତ ମୋ ସ୍ୱାମୀଙ୍କ ଉପରେ ତା'ର ପ୍ରଭାବ ବିସ୍ତାର କରି ଚାଲିଥିଲା। କିନ୍ତୁ ଏକଥା ମୁଁ କାହାକୁ କହିପାରୁ ନ ଥିଲି। କାହାକୁ ବା କହିଥାଆନ୍ତି ? ଉତ୍ତମ ବୋଲି ଯେଉଁ ଭଦ୍ର ଲୋକ ଆମ ସାଙ୍ଗରେ ରହୁଥିଲେ ସେ ତ ମୋର ସ୍ୱାମୀଙ୍କୁ ଦେବତା ତୁଲ୍ୟ ସମ୍ମାନ କରୁଥିଲେ। କିନ୍ତୁ ଆମ ପରବାରରେ ତାଙ୍କର ଉପସ୍ଥିତିକୁ ମଧ୍ୟ ବାପା ସହ୍ୟ କରିପାରୁ ନ ଥିଲେ। ଆଉ ସେ ଯେଉଁ ମାତା ଜଣକ ବାରମ୍ବାର ଭିକ୍ଷା ପାଇଁ ଆମ ଘରକୁ ଆସୁଥିଲେ ଯେ ଏକା ମୋ ମନ ଆଉ ଅଭିମାନ ସମ୍ପର୍କରେ ଗୀତ ସବୁ ଗାଉଥିଲେ। ମୋ ପାଇଁ କ'ଣ କହୁଛି ଯେ ? ରାଧାରାଣୀଙ୍କ ପାଇଁ ଗାଉଥିବା ଭଜନଗୁଡ଼ିକ ଭିତରେ ମୁଁ ମୋର ଚିନ୍ତାଧାରାର ପ୍ରତିଫଳନ ହିଁ ଦେଖିପାରୁଥିଲି। ଛାଡ଼, ଏଥର ଅସଲ କଥାକୁ ଆସେ।

ଶରତଙ୍କ ଉପରେ ମୋର ଯଥେଷ୍ଟ ଭରସା ଥିଲା ଥରେ ସାହସ କରି ମାଧବୀ କଥା ତାଙ୍କୁ ପଚାରିଥିଲି। ସେ ମୋତେ ପିଲାଲୋକ କହି ଏଡ଼େଇ ଯାଇଥିଲେ ବ୍ୟବସାୟରେ ଠକାଠକି ଚଳେ। କିନ୍ତୁ ଘର ସଂସାର କରି ଠକିବାର ବା ଠକାଇ ହେବାର ପ୍ରଶ୍ନ ଉଠେନାହିଁ ବୋଲି ଯୁକ୍ତି କରିଥିଲେ। କିନ୍ତୁ ସେତିକିରେ ଯଦି ମୋ ମନ ବୁଝି ଯାଇଥାଆନ୍ତା ଏତେ ଅସୁବିଧା କାହିଁକି ହୋଇଥାଆନ୍ତା ? ମାଧବୀ ମଧ୍ୟ ମୋର ସନ୍ଦେହ ସମ୍ପର୍କରେ କିଛି ଆଭାସ ପାଇଥିଲା। ଲଳିତା ଦେଈ ପ୍ରଭୃତିଙ୍କଠାରୁ ସେ ଯଥେଷ୍ଟ ଅପମାନ ମଧ୍ୟ ପାଇଥିଲା। ତେଣୁ ନିଜର ନିଷ୍ଠା ଓ ବିଶ୍ୱାସର ପରିଚୟ ଦେବାପାଇଁ ସେ ନାଚର ଆସର ଖୋଲିଲା ଆଉ ମୋ ମନ ତଳେ ସନ୍ଦେହର କୁହୁଡ଼ି ଆସ୍ତେ ଆସ୍ତେ ଜମାଟ ବାନ୍ଧିବାରେ ଲାଗିଲା।

ଉତ୍ତମ କ'ଣ ଭାବିଲେ କେଜାଣି ଆମ ଅଜାଣତରେ ଗାଁକୁ ଚିଠି ଦେଇ ବୋଉଙ୍କୁ ଡକାଇ ଆଣିଲେ। ମୋର ଚଳିବାକୁ ଅସୁବିଧା ହେଉଛି ଏ ବିଷୟରେ ତ ମୁଁ କାହାକୁ ଫେରାଦ ହୋଇ ନ ଥିଲି। ହୁଏତ ବାପା ଆଉ ଲଳିତା ଦେଈଙ୍କର କୁମନ୍ତ୍ରଣା ଏ ଘରର କୌଣସି କ୍ଷତି ଘଟାଇପାରେ ଏ ବିଷୟରେ ଉତ୍ତମ କିଛି ଆଭାସ ପାଇଥିଲେ। ବାପା କିନ୍ତୁ ଏ କଥାକୁ ଗଣ୍ଠି କରି ଧରି ବସିଲେ। କିନ୍ତୁ ମୋ ଶାଶୂ ଦାଣ୍ଡପଟ କବାଟ ବାଡ଼େଇଲା ବେଳେ ବାଡ଼ିପଟ ରାସ୍ତାରେ ବାପା ମୋର ଚୋରଙ୍କ ପରି ଘରୁ ବାହାରିଗଲେ। କାହିଁକି ବାପାଙ୍କର ମୋ ଶାଶୂଙ୍କ ସହିତ ସମ୍ମୁଖୀନ ହେବା ପାଇଁ ମାନସିକ ପ୍ରସ୍ତୁତି ନ ଥିଲା ସେକଥା ମୁଁ ବୁଝିପାରି ନ ଥିଲି। ଚିନ୍ତା କରିବାକୁ ସମୟ ମଧ୍ୟ ପାଇ ନ ଥିଲି। ତେବେ ମୁଁ ବୋଉଙ୍କର କୌଣସି ପ୍ରଶ୍ନର ଉତ୍ତର ସହଜ ଭାବରେ ଦେଇପାରି ନ ଥିଲି, ବାରମ୍ବାର ଅନ୍ୟମନସ୍କ ହୋଇଯାଇଥିଲି। କିଛି

ସମୟ ପରେ ମୋ ବାପା ସ୍ୱାଭାବିକ ଭାବରେ ଆମ ଘରକୁ ଆସିଲେ। କିଛି ନ ଜାଣିଲା ଭଳି ବ୍ୟବହାର ମଧ୍ୟ କଲେ। ମୋ ଶାଶୂତ ଭାରି ସରଳ ମଣିଷ। ସେ ବାପାଙ୍କ ମୁରବୀପଣିଆକୁ ଆଗ୍ରହରେ ଗ୍ରହଣ ମଧ୍ୟ କରିନେଲେ। କିନ୍ତୁ ଉତ୍ତମ ଓ ଶରତଙ୍କ ଆଖିରୁ ବାପାଙ୍କର ଏହି ଲୁଚାଚୋରା ଯା ଆସର ଲୁଚିରହି ପାରି ନ ଥିଲା। ମୁଁ ବାପାଙ୍କ ସପକ୍ଷରେ ଯୁକ୍ତି କରିଥିଲି ସତ୍ୟ କିନ୍ତୁ ମନ କହୁଥିଲା ମୁଁ ଭୁଲ କରୁଛି। ବାପାଙ୍କ ଭୁଲ୍‌ଗୁଡ଼ାକୁ ଘଣ୍ଟ ଘୋଡ଼ାଇ ପାଖରେ ନିଜେ ଦୋଷୀ ପାଲଟି ଯାଉଥିଲି। ବାପା ମୋତେ ବାରମ୍ବାର ଅଳଙ୍କାର ଗଢ଼ାଇବା କଥା କହି ଉତ୍ତେଜିତ କରୁଥିଲେ। ଝିଅମାନେ ତ ଅଳଙ୍କାର ପ୍ରତି ସବୁଦିନେ ଦୁର୍ବଳ। ବାପାଙ୍କ କଥା ଶୁଣି ମୋର ମଧ୍ୟ ଅଳଙ୍କାର ପ୍ରତି ମୋହ ବଢ଼ି ଯାଇଥିଲା। ଥରେ ଶରତଙ୍କୁ ତାଙ୍କର ଚାକିରି ଦରମା ଓ ଇନ୍‌କ୍ରିମେଣ୍ଟ କଥା ପଚାରି ବସିଲି ଯେ ସବୁ ତ ବାପାଙ୍କ ଶିକ୍ଷା, ଠିକ୍‌ରେ ନେଇ ଆଣି ଥୋଇବା ମୁସ୍କିଲ୍ ହେଲା। ଶରତ ଦୁଃଖିତ ହେଲେ। ଆହତ ମଧ୍ୟ ହେଲେ।

ମୋତେ ସ୍ୱାମୀଙ୍କୁ ବଶ କରିବାର ଉପାୟ ଶିଖାଇଥିଲେ ଲଳିତା ଦେଈ। ତାଙ୍କ କହିବା ଅନୁଯାୟୀ ମୁଁ ଛିଣ୍ଡା ଶାଢ଼ୀ ପିନ୍ଧିଲି। ସବୁ ଅଳଙ୍କାର କାଢ଼ି ପକାଇଲି। ହେଲେ ଦୁଲ୍ ଦିଓଟି ଖୋଲିବାକୁ ହାତ ଗଲାନି। ସେ ଦୁଲ ମୋତେ ଶରତ ପିନ୍ଧାଇ ଦେଇଥିଲେ ଓ ଦୁଲ୍‌କୁ ଈର୍ଷା ମଧ୍ୟ କରିଥିଲେ। ତାପରେ ବିବାହିତା ନାରୀଙ୍କର କାନ ଖାଲି ରହେନାହିଁ ବୋଲି ମୋର ଶାଶୂ ମୋତେ ବହୁତ ଆଗରୁ ଉପଦେଶ ଦେଇଥିଲେ। ଆମ ଭିତରେ ଯାହା ରାଗରୁଷା ହେଉଥିଲା ବୋଉଙ୍କ ମଧ୍ୟସ୍ଥତାରେ ସବୁ ମେଣ୍ଟି ଯାଉଥିଲା। ମୁଁ ତ ଟିକେ ଟିକେ କଥାରେ କାନ୍ଦି ପକାଉଥିଲି। ସେଥିପାଇଁ ଲଳିତା ଦେଈ ବୋଉଙ୍କୁ ଗାଁକୁ ବିଦା କରି ଦେବାର ମସୁଧା ମଧ୍ୟ କରୁଥିଲେ। ଆଉ ମୋର ସେହିଭଳି ସଂସାରରେ ଏକାଧିପତ୍ୟ ଦେଖିବାକୁ ମୋର ବାପା ବ୍ୟାକୁଳ ବୋଲି ସେ ମୋତେ ବୁଝାଉଥିଲେ। ଉତ୍ତମ ମୋତେ ନାଟକରେ ଦୁଃଖିନୀ ଅଭିନୟ ପାଇଁ Make up ଦେଇଥିବା ନାରୀଟିଏ କହି ପରିହାସ କରିଥିଲେ। ଶରତଙ୍କୁ ଅବିଶ୍ୱାସ କରିବା ମୋ ପକ୍ଷରେ ଉଚିତ ନୁହେଁ ବୋଲି ମଧ୍ୟ କହିଥିଲେ। ସେ ଲଳିତା ଦେଈଙ୍କୁ ବ୍ୟଙ୍ଗବାଣରେ ଜର୍ଜରିତ କରିଥିଲେ। ଅବିବାହିତ ଉତ୍ତମ ସେଦିନ ବୈବାହିକ ଜୀବନର ଗୂଢ଼ ରହସ୍ୟ ବ୍ୟାଖ୍ୟା କରିଥିଲେ "ଯେଝା ଘର ତାକୁ ମଥୁରା ପୁରୀ, ଯେଝା ବର ତାକୁ ଶ୍ରୀକୃଷ୍ଣ ସରି" କଥାଟା ମନକୁ ପାଇଥିଲା, ଆଉ ଦିନେ କହିଥିଲେ ଯେ ସ୍ୱାମୀ ସ୍ତ୍ରୀ ଗୋଟିଏ କଇଁଚିର ଦୁଇଟି ଭାଗ। ଉଭୟ ପରସ୍ପର ସହିତ ସମ୍ପର୍କିତ କିନ୍ତୁ ଉଭୟଙ୍କ ଗତି ଭିନ୍ନମୁଖୀ। ଯଦି କିଏ ସେମାନଙ୍କ କଥାରେ ଆଗ୍ରହୀ ହୋଇ ନାକ ଭର୍ତ୍ତି କରେ ତେବେ ତାରି ନାକଟ କଟିଯିବା ସାର

ହେବ ସିନା, ସତରେ ମ ? ଉତ୍ତମ କେମିତି ଏ ଜଟିଳ ଜୀବନ ତତ୍ତ୍ୱଗୁଡ଼ାକ ବୁଝିଥିଲେ କେଜାଣି ?

ଶରତଙ୍କ ଜୀବନରେ ଘୋର ଦୁର୍ଦ୍ଦିନ ଆସିଥିଲା । ସାତପୁରୁଷ ବୁନିୟାଦି ଘର ଭଙ୍ଗି ଥିଲା । ଜମିଦାର ନାଲିସ କରିଥିଲା । କଚୋରୀରେ ମାଲି ମକଦ୍ଦମା । ଚାକିରିରେ ପ୍ରତିପଦରେ ଭୟ । ସେତିକିବେଳେ ଲଳିତା ଦେଈଙ୍କ ପ୍ରରୋଚନାରେ ମୁଁ ଜାରି ରଖିଲି ମୋର ଅସହଯୋଗ ଅଭିଯାନ । ଶରତ ରୁଷ୍ଟ ହେଲେ । ମୋ ଭିକାରୁଣୀ ବେଶ ତାଙ୍କ ମନରେ କୌଣସି ପ୍ରଭାବ ପକାଇ ପାରିବନି ବୋଲି ମଧ୍ୟ ସ୍ପଷ୍ଟ ଜଣାଇଦେଲେ ।

ମାଧବୀ ଥରେ ମୋ ପାଖକୁ ଆସିଥିଲା । ଶରତଙ୍କୁ ସନ୍ଦେହମୁକ୍ତ କରିବା ପାଇଁ ସେ ମୋତେ ଅନୁରୋଧ କରିଥିଲା । ମୁଁ ତାକୁ ବିରକ୍ତ ହୋଇଥିଲି । ନାରୀ ହୋଇ ଗୋଟିଏ ଅସହାୟା ବାଳିକାକୁ କେମିତି ମୁଁ ଏତେ କଟୁକଥା କହିପାରିଲି ଭାବିଲେ ଏବେ ନିଜ ଉପରେ ବିରକ୍ତି ଆସୁଛି । କିନ୍ତୁ ମାଧବୀ କ'ଣ କହିଗଲା ଜାଣନ୍ତି ? କି ସାହସ ସେ ଝିଅଟାର ? ମୁଁ ସତୀ ସାଧ୍ୱୀ କୁଳବଧୂ । ମୋ ହାତରୁ ଶଙ୍ଖା ସିନ୍ଦୂର ଲଗାଇବାକୁ ଅପେକ୍ଷା କରିବ । ଯେ ନିଜ ବାପାଙ୍କ ନାଁ ମଧ୍ୟ ଜାଣିନି । ଭିକାରୀ ସିଂହର ଦୟାରେ ପ୍ରତି ପାଳିତା ସେହି ନାଚବାଲୀ ଝିଅଟା କେମିତି ମୋତେ ଉପହାସ କଲାଭଳି ବୋଧ ହେଲା । ମୋର ନାରୀତ୍ୱକୁ ଆହ୍ୱାନ କଲାଭଳି ମନେ ହେଲା ।

ଥରେ ମୁଁ ଶରତଙ୍କ ନିକଟରୁ ଆବିଷ୍କାର କଲି ମାଧବୀର ଚିଠି । ତାଙ୍କର ଉଦାସୀନତାରେ ତ ମୁଁ ଉତ୍ୟକ୍ତ ହୋଇଥିଲି । ଦିନେ ରାତିରେ ମୋର ବାରଣ ସତ୍ତ୍ୱେ ସେ ମୋତେ ଛୁଇଁ ଦେଲେ । ମୁଁ କ୍ରୋଧର ବଶବର୍ତ୍ତୀ ହୋଇ ମୁଣ୍ଡ ଧୋଇ ଗାଧୋଇ ଆସିଲି । ଶରତଙ୍କ ପୌରୁଷ ଆହତ ହେଲା । ତାଙ୍କର ଭଞ୍ଜ ସାହିତ୍ୟ ଚର୍ଚ୍ଚା ମୋ ପାଇଁ ଅର୍ଥହୀନ ଥିଲା । ଉତ୍ତମଙ୍କ କଥାରେ ରାଜି ହୋଇ ସେ ଲଳିତା ଦେଈଙ୍କ ସ୍ୱାମୀ ଜନ୍ମ ଦିନରେ ଭୋଜି ଖାଇବାକୁ ଗଲେ । ସେଠାରେ ଅଶ୍ଳୀଳ ଫଟୋ ଆଲ୍‌ବମ୍ ସାଙ୍ଗକୁ ଲଳିତା ଦେଈଙ୍କ ରୁଚିହୀନ ଉତ୍ତେଜକ ପୋଷାକ ପତ୍ର ଦେଖି ସେ କ୍ଷୁବ୍‌ଧ ହୋଇଥିଲେ । ଲଳିତା ଦେଈ ଖୁବ୍ ନିର୍ଲ୍ଲଜ ଭାବରେ ଶରତଙ୍କ ନିକଟରେ ନିଜର ପ୍ରେମ ନିବେଦନ କରିଥିଲେ । ତାଙ୍କୁ ଲାବଣ୍ୟବତୀର ସ୍ୱପ୍ନ ଦର୍ଶନ ଛାନ୍ଦଟା ବୁଝାଇ ଦେବାକୁ ଅନୁରୋଧ କରିଥିଲେ । ମୁଁ ସବୁକଥା ଦେଖିଛି ଝରକା ଆରପଟେ ଠିଆ ହୋଇ । ତାଙ୍କର ସ୍ୱାମୀ ପରନାରୀ ଆସକ୍ତ ଓ ସେ ପତି ସୁଖ ବଞ୍ଚିତା ବୋଲି ବାରମ୍ବାର ଶରତଙ୍କୁ କହୁଥିଲେ । ସେ ଜାଣି ଜାଣି ମୋ କାନରେ ବିଷ ଢାଳୁଥିଲେ । ମାଧବୀର ଚିଠି ତାରିଖ ମଧ୍ୟ ସେ ଜାଲ୍ କରିଥିଲେ ବୋଲି ମାନିଗଲେ । ଶରତ କିନ୍ତୁ ହାରିଯାଇ ନ ଥିଲେ । ମାଧବୀ ଘରକୁ ଯାଇ ଅପବିତ୍ର ହୋଇଥିବା ତାଙ୍କର ଦେହ ଲଳିତା ଘରେ ପବିତ୍ର ହୋଇଯାଇଛି

ବୋଲି ମୋତେ ତାଙ୍କ ପାଦଧୂଳି ଦେବାକୁ ଡାକିଥିଲେ। ଲଳିତା ଯୁକ୍ତି କରିଥିଲେ ନିଜ ସପକ୍ଷରେ। ତାଙ୍କ ସ୍ୱାମୀଙ୍କ ସମ୍ପର୍କରେ ଅନେକ କଥା କହିଥିଲେ। ମୋର ବା ସେଥିରେ ଯାଏ ଆସେ କ'ଣ? ମୁଁ ତ ଆଜିଯାଏ ମୋ ନିଜର ଲୋକଟିକୁ ଚିହ୍ନିପାରି ନ ଥିଲି। ସବୁରି କଥାରେ ପରିଚାଳିତ ହୋଇ ସ୍ୱାମୀ ସ୍ତ୍ରୀର ପବିତ୍ର ସମ୍ପର୍କକୁ ସନ୍ଦେହରେ କଳଙ୍କିତ କରିଦେଲି।

ପୁଣି କ'ଣ ହେଲା ଶୁଣନ୍ତୁ। ମୋ ବାପା ରାସବିହାରୀ ପଟ୍ଟନାୟକ ଗଡ଼ଜାତରେ ପୋଲିସ ସବ୍ ଇନିସ୍‌ପେକ୍ଟର ଥିଲାବେଳେ ଶକୁନ୍ତଳାନାମ୍ନୀ ଏକ ଦରିଦ୍ର ବାଳିକାକୁ ପ୍ରେମ କରିଥିଲେ। ବିବାହ ପାଇଁ ପ୍ରତିଶ୍ରୁତି ଦେଇଥିଲେ। ତାକୁ ସନ୍ତାନର ଜନନୀ ମଧ୍ୟ କରାଇଥିଲେ। ଶେଷରେ ସେହି ଝିଅ ଶକୁନ୍ତଳା ବୁଝି ପାରିଥିଲା ଯେ ତା'ର ପ୍ରେମିକ ବିବାହିତ ଓ ସନ୍ତାନର ଜନକ ମଧ୍ୟ। ତେଣୁ ଦୁଇ ମାସର ଝିଅକୁ ଧରି ସେ କଲିକତା ପଳାଇଥିଲା। ସେହିଠାରୁ ତାକୁ ବେଶ୍ୟା ଯମୁନା ବାଈ ଉଦ୍ଧାର କରିଥିଲା ଓ ନିଜ ଝିଅଭଳି ପାଳନ କରିଥିଲା। ଏକଥାଗୁଡ଼ାକ ମୁଁ କେମିତି ଜାଣିଲି ଭାବୁଛନ୍ତି କି? ନାଁ ମୋ ବାପା ନିଜେ ଚିଠି ଲେଖି ନିଜକୁ ମାଧବୀର ବାପା ବୋଲି ସାବ୍ୟସ୍ତ କରିଯାଇଥିଲେ। ଏହାପରେ ମୋତେ ବା ଅନ୍ୟମାନଙ୍କୁ ମୁହଁ ଦେଖାଇ ପାରିବେନି ବୋଲି ହୁଏତ ନିରୁଦ୍ଦିଷ୍ଟ ହୋଇଯାଇଥିଲେ। ବାପାର ପରିଚୟ ପାଇ ଖୁସି ହେଉହେଉ ମାଧବୀ ନିଜ ବାସ୍ତବତା ଭିତରକୁ ଫେରି ଯାଉଥିଲା ଓ ସେ ଶକୁନ୍ତଳାର ଝିଅ ବୋଲି ନିଜର ମନକୁ ଦୃଢ଼ କରୁଥିଲା।

ଶରତ ଲଳିତା ଦେଈଙ୍କ ଘରୁ ଫେରି ସିଧା ମାଧବୀ ଘରକୁ ଯାଇଥିଲେ। ମୁଁ ଓ ଉତ୍ତମ ତାଙ୍କୁ ଖୋଜିଖୋଜି ମାଧବୀ ଘରେ ପହଞ୍ଚିଥିଲୁ। ଭଦ୍ରଘର ବୋହୂ ଏଠାକୁ ଆସନ୍ତି ନାହିଁ ବୋଲି ମାଧବୀ ମୋତେ ମୃଦୁ ଆଘାତ କରିବାକୁ ଭୁଲିଲା ନାହିଁ। କେମିତି ବା ଭୁଲି ଥାଆନ୍ତା? ମୁଁ ତାକୁ ଯେଉଁ ଆଘାତ ଦେଇଥିଲି ଆଉ କେଉଁ ଝିଅ ହୋଇଥିଲେ ତ ପାଗଳୀ ହୋଇ ଯାଆନ୍ତାଣି। ଛାଡ଼ ସେ କଥା। ମୋର ସବୁ ଭୁଲ୍ ମୁଁ ମାନୁଛି। ସେଠାରେ ସମସ୍ତଙ୍କୁ ଚକିତ କରି ମୁଁ ମାଧବୀକୁ ପିନ୍ଧାଇ ଦେଲି ତା'ର ବହୁ ବାଞ୍ଛିତ ଶଙ୍ଖା ଓ ସିନ୍ଦୂର। ମୋ ଦିଅର ଉତ୍ତମଙ୍କ ପାଇଁ ମୁଁ ତାକୁ ପସନ୍ଦ କରିଥିଲି। ସେ ହିଁ ଏକମାତ୍ର ବୁଝିଥିଲେ ମାଧବୀକୁ। ବାରିଥିଲେ ବନମଲ୍ଲୀର ସ୍ନିଗ୍ଧ ବାସ୍ନା, ମୁଁ ଖାଲି ସନ୍ଦେହର ଧୂଆଁ ଭିତରେ ଏତେ ଘାଣ୍ଟି ସନ୍ତୁଳି ହେଲି ସିନା!

ଆପଣ କୁହନ୍ତୁ ତ? ଲୋକେ ବେଶ୍ୟା ବା ନାଚବାଲୀ କହି ଯେଉଁମାନଙ୍କୁ ନାକ ଟେକନ୍ତି, ସେହିମାନଙ୍କଠାରୁ ଫାଇଦା ଉଠାନ୍ତି। ଯାହା ପାଇଁ ସଭାସମିତିରେ ଆଖିରୁ ଲୁହ ଝରାନ୍ତି ଦରକାର ବେଳେ ସେମାନଙ୍କ ମୁହଁକୁ ଅନାନ୍ତି ନାହିଁ। ନଚିହ୍ନିବାର

ସେ ଛଳନା କରନ୍ତି । ମୁଁ ତା କରିନି । ମୁଁ ମୋ ପାପ ପାଇଁ ପ୍ରାୟଶ୍ଚିତ କରିଛି । ଆପଣ କହି ପାରନ୍ତି ମାଧବୀ ଓ ମୁଁ ଏକାରକ୍ତର ସୃଷ୍ଟି । ଠିକ୍ କଥା । ବାପା ମୋର ଏକଥା ସ୍ୱୀକାର କରିଛନ୍ତି ସେଥିପାଇଁ ମୁଁ ସନ୍ତୁଷ୍ଟ । ବାପାଙ୍କ ପାଇଁ ମୋ ମନରେ ଗଭୀର ସଂଭ୍ରମ ସୃଷ୍ଟି ହୋଇଛି । ତେବେ ମୁଁ ମୋର ଭୁଲ ସୁଧାରି ନେବାର ସୁଯୋଗ ପାଇଛି ସେଥିପାଇଁ ମୋର ସ୍ରଷ୍ଟା ନାଟ୍ୟକାର ଛୋଟରାୟଙ୍କ ନିକଟରେ ମୁଁ କୃତଜ୍ଞ । ଆଉ ଶଙ୍ଖା ସିନ୍ଦୂର ଲଗାଇବା ବୋହୂ ହେବାର ଯେଉଁ ସ୍ୱପ୍ନ ମାଧବୀ ଦେଖିଥିଲା ତାକୁ ମୁଁ ସାକାର ରୂପ ଦେଇଛି । ସେ କ'ଣ ମୋ ପ୍ରତି କୃତଜ୍ଞ ହେବନି ? ପଛକଥା ସବୁ ପାଶୋରି ଦେବନି ।

■

‘ରୀତା’ର ଆତ୍ମକାହାଣୀ

(ମନୋରଂଜନ ଦାସଙ୍କର ‘ଶବ୍ଦଲିପି’ର ନାୟିକା ରୀତାର ସ୍ୱୀକାରୋକ୍ତି)

ମୁଁ ରୀତା। ନାଟ୍ୟକାର ମନୋରଞ୍ଜନ ଦାସଙ୍କର ମାନସ କନ୍ୟା-ନାଟକ ‘ଶବ୍ଦଲିପି’ର ଏକମାତ୍ର ନାରୀ ଚରିତ୍ର। ପୁରୀର ‘ସ୍ଥିତି-ମୈତ୍ରୀ’ ନାଟ୍ୟସଂସ୍ଥା ଦ୍ୱାରା ୧୯୭୬ ମସିହାରେ ମୁଁ ପ୍ରଥମ ସୂର୍ଯ୍ୟାଲୋକ ଦେଖିଲି। ସେତେବେଳକୁ ମୋର ବୟସ ହୋଇଥିବ ପ୍ରାୟ ଅଠର କି ଊଣେଇଶି। ପ୍ରାୟ କାହିଁକି କହୁଛି ଜାଣନ୍ତି ? ମୋର ଜନ୍ମ ମଧ୍ୟ ଗୋଟେ ପ୍ରହେଳିକା। କୋଉ ରିଲିଫ୍ କ୍ୟାମ୍ପରୁ ମୋତେ ପାଇ ଘରକୁ ଆଣିଥିଲେ ମୋର ମଉସା ଭକ୍ତଚରଣ। କେବେ ଜାଣିବାକୁ ବି ଦେଇ ନ ଥିଲେ ମୋ ବାପା ମା’ଙ୍କ ବିଷୟରେ। ପଚାରିଲେ ଉପରକୁ ହାତ ଦେଖାଇ କହୁଥିଲେ “ସେଇ ତତେ ମୋ ହାତରେ ଟେକି ଦେଇଛନ୍ତି-” ବାସ୍ ମୁଁ ବି ତାଙ୍କ ଛଳଛଳ ଆଖିକୁ ଚାହିଁ ଚୁପ୍ ରହୁଥିଲି। ତାପରେ ମାଉସୀ ଥିଲେ ବି କଥା ଅଲଗା ହୋଇଥାଆନ୍ତା। ମାଉସୀ ବି ଅକାଳରେ ଚାଲିଯାଇଥିଲେ ମୁଁ ଶୁଣିଥିଲି, ମଉସାଙ୍କର ଗୋଟେ ପୁଅ ଥିଲା ତା ନାଁ ପାର୍ଥ। ସେ ଦୁଷ୍ଟାମି କରି ମାଡ଼ ଖାଇଥିଲା ଆଉ ବହୁତ ଦିନରୁ ଘରଛାଡ଼ି କୁଆଡ଼େ ଚାଲି ଯାଇଥିଲା। ମୁଁ ବଡ଼ ହେଲି। ପାଠ ପଢ଼ିବାକୁ କଲେଜ ଗଲି। ଦିନେ ମୋ ଜୀବନରେ ଆଉ ଏକ ଦୁର୍ଘଟଣା ଘଟିଲା। ହଁ ଦୁର୍ଘଟଣା ନୁହେଁ ତ ଆଉ କ’ଣ ? ବର୍ଷା ବେଳେ ମୁଁ ବରଗଛ ମୂଳେ ଠିଆ ହୋଇଥିଲି କଲେଜରୁ ଫେରିଲାବେଳେ, ହଠାତ୍ ଘଡ଼ଘଡ଼ି ପଡ଼ିଲା। ମୁଁ ଚିତ୍କାର କରି ଉଠିଲି। ପ୍ରାଣ ବିକଳରେ କୁଣ୍ଢାଇ ପକାଇଲି ସେଠାରେ ଠିଆ ହୋଇଥିବା ଜଣେ ଯୁବକଙ୍କୁ। ପ୍ରକୃତିସ୍ଥ ହେଲା ବେଳକୁ ଦେଖିଲି ତାଙ୍କ ହାତ ଦୁଇଟା ମୋ ଦେହ ଚାରିପଟେ ବୁଲି ଆସିଛି। ତାପରେ ଉଭୟେ ଉଭୟଙ୍କୁ ଚାହିଁ ରହିଲୁ। ଜାଣିଲି ସେ ସଞ୍ଜୟ ପଟ୍ଟନାୟକ, ଏମ୍.ଏ. ର ଛାତ୍ର। କଲେଜର ଗୌରବ। ଅନେକ ତରୁଣୀଙ୍କର ବହୁବାଞ୍ଛିତ ନାୟକ। ତେବେ ସଞ୍ଜୟଙ୍କ ସହିତ ମୋର ସାକ୍ଷାତ ଏତେ ଅଭାବନୀୟ ଥିଲା ଯେ ପରବର୍ତ୍ତୀ ସମୟରେ ଦୀର୍ଘଦିନ ଧରି ତାଙ୍କ ସହିତ କଥାବାର୍ତ୍ତା କଲା ପରେ ମଧ୍ୟ ମୁଁ ଯେ ତାଙ୍କୁ

ଭଲପାଏ ଏ କଥାଟା ଜାଣିପାରି ନ ଥିଲି। ଦିନେ ସେ ଜିଦ୍ ଧରିଲେ ଆମ ଘରକୁ ଆସିବାକୁ। ମୁଁ କହିଲି ମୋର ମଉସା ହିଁ ବାପା ମା' ସବୁକିଛି ଆଉ ସେ ଟିକିଏ ରିଜିଡ୍, ପୁରୁଣାକାଳିଆ। ତାଙ୍କର ନାଁ ଭକ୍ତଚରଣ ଦାସ, ରିଟାୟାର୍ଡ଼ ପୋଲିସ ଅଫିସର ଜାଣିଲା ପରେ ସଞ୍ଜୟ କହିଥିଲେ ଯେ ସେ ତାଙ୍କ ବନ୍ଧୁ ପାର୍ଥଙ୍କର ବାପା। ଯେଉଁ ପାର୍ଥଙ୍କ ସହିତ ତାଙ୍କର ଗୁଡ଼ିଉଡ଼ା ନେଇ କଥା କଟାକଟି ଝଗଡ଼ା ହୋଇଥିଲା। ମଉସା ସେଦିନ ପାର୍ଥଙ୍କୁ ବହୁତ ମାରିଥିଲେ। ଫଳରେ ପାର୍ଥ ଘରଛାଡ଼ି ନିରୁଦ୍ଦିଷ୍ଟ ହୋଇଯାଇଥିଲେ।

ଆରେ, ପାର୍ଥଙ୍କୁ ପାର୍ଥଭାଇ ନ କହି କେମିତି ପାର୍ଥ କହୁଛି ସେ ବିଷୟରେ ଚିନ୍ତା କରୁଛନ୍ତି କି? ନାଇଁ, ଆପଣମାନଙ୍କୁ ଅନ୍ଧାରରେ ରଖିବିନି। ସବୁ ସତକଥା କହିବି। ମୋ ଜୀବନ ତ ଏମିତିରେ ଦୟନୀୟ। ଗୁଡ଼ାଏ କମ୍ପ୍ଲେକ୍ସରେ ଭର୍ତ୍ତି, ତାହା ଆହୁରି ଦୟନୀୟ ପାଲଟିଗଲା ଯେଉଁଦିନ ପାର୍ଥ ଘରକୁ ଫେରିଲେ, ମଉସା ହଜିଲା ଧନ ପାଇ ଆନନ୍ଦିତ ହେଲେ। ଠିକ୍ ପରେ ପରେ ବନ୍ଧୁଙ୍କ ଝିଅ ବାହାଘର ପାଇଁ ଚାକରଟୋକାକୁ ସାଙ୍ଗରେ ଧରି ବାହାରିଗଲେ। ଗଲାବେଳେ କ'ଣ ଭାରବେଭାର ଦିଆଯାଉଥିଲା ସେ କଥା ବି ମୋ ସହିତ କଥାବାର୍ତ୍ତା କରିଥିଲେ। ସତରେ ସେ ମୋତେ ଭାରି ଭଲ ପାଉଥିଲେ, ବାପା କ'ଣ ମୁଁ ଜାଣିନି। ହେଲେ ବାପା ଥିଲେ ଯେ ମଉସାଙ୍କଠାରୁ ଅଧିକ ମୋତେ ଭଲ ପାଇ ପାରି ନ ଥାନ୍ତେ ଏ ବିଷୟ ମୁଁ ଦମ୍ଭରେ କହିପାରେ।

ମଉସା ଗଲେ। ମୁଁ ପାର୍ଥଭାଇଙ୍କୁ ଅପେକ୍ଷା କରି ରହିଲି। ଆସିଲେ ଖାଇବାକୁ ଦେବି। ସେ ଫେରିଲେ। ତାଙ୍କୁ 'ପାର୍ଥ' ଡାକିବାକୁ ମୋତେ ବାଧ କଲେ। ଯେତେ କହିଲି ତୁମେ ମୋର ଭାଇ। ସେ ହସିଲେ। କହିଲେ ତାଙ୍କର ମୋର ରକ୍ତ ସମ୍ପର୍କ ନାହିଁ। ତାପରେ ସେ ମୋତେ ଛୁରୀ ଦେଖାଇ ଭୟଭୀତ କଲେ। ମୋ ହାତରେ ପାଣି ମଗାଇ ମଦ୍ୟପାନ କଲେ। ଭୟ ଦେଖାଇ 'ପାର୍ଥ' ଡାକକୁ କୌଣସି ମତେ ମୋଠୁଁ ହାସଲ କରିନେଲେ। ତାପରେ ଶୁଣାଇଲେ ତାଙ୍କର ନିଖୋଜ ହୋଇଥିବା ସମୟର ଗ୍ଲାନିକର କାହାଣୀ। କେଉଁଠି ଭିକମଗା, ଚା'ଦୋକାନରେ ଅଇଁଠା ପ୍ଲେଟ୍ ଧୋଇବା, ମିଶନାରୀଙ୍କ ସାହଚର୍ଯ୍ୟ ଲାଭ, ଛୋଟରୁ ବଡ଼ ବ୍ୟବସାୟ। କ୍ଷମତା ନିଶା। ମୁଁ ତାଙ୍କ ଅବସ୍ଥା କଥା ଶୁଣି ଦୁଃଖ କରିଥିଲି। କିନ୍ତୁ ସେ ମୋତେ ପ୍ରଥମଥର ସଚେତନ କରାଇଥିଲେ ଯେ ଯଦି ମୋତେ ମଉସା ଏ ଘରକୁ ଆଣି ନଥାନ୍ତେ ତେବେ ମୋତେ ମଧ୍ୟ ସେହିପରି ପରିସ୍ଥିତିର ସମ୍ମୁଖୀନ ହେବାକୁ ପଡ଼ିଥାଆନ୍ତା। ଏ ସବୁ ଭିତରେ ଅଣନିଶ୍ୱାସୀ ହୋଇ ବାପାଙ୍କ କଥା ମନେ ପକାଇ ସେ ଘରକୁ ଫେରିଛନ୍ତି। କିଛିଦିନ ବିଶ୍ରାମ

କରିବେ। ମୋତେ ଦେଖିବା ସେ ହଠାତ୍ ଉପଲବ୍ଧି କରିଥିଲେ ଯେ ଜୀବନରେ ଗୋଟିଏ ଦିଗ ପ୍ରତି ସେ ନଜର ଦେଇ ନ ଥିଲେ। ତାହା ଥିଲା ନାରୀର ସାହଚର୍ଯ୍ୟ। ତେଣୁ ସେ ମଉସା ନ ଥିବାର ସୁଯୋଗ ଦେଖି ସେହି ଶାରୀରିକ ତୃଷ୍ଣା ମେଣ୍ଟାଇବାକୁ ହିଂସ୍ର ପାଲଟିଗଲେ। ମୁଁ ନିଜକୁ ବଞ୍ଚାଇବାକୁ ଯଥାସମ୍ଭବ ଚେଷ୍ଟା କରିଥିଲି। ସ୍କାଉଣ୍ଡ୍ରେଲ କହି ଗାଳି ମଧ୍ୟ ଦେଇଥିଲେ। କିନ୍ତୁ କିଛି ଲାଭ ହେଲାନି। ମୁଁ ଲୁଣ୍ଠିତା ହୋଇଗଲି। ସଞ୍ଜୀୟର ପ୍ରେମ ପାଇଁ ନିଜର ଶରୀରକୁ ସୁରକ୍ଷିତ ରଖିପାରିଲି ନାହିଁ। ଏ ଘଟଣା ପରେ ସେ ମୋତେ କଫି ପିଆଇବେ ବୋଲି କହିଲେ। କିଛି ଘଟି ନଥିବା ଭଳି ଆଚରଣ କଲେ। କିନ୍ତୁ ମୁଁ ଯେ ନିସ୍ୱ ହୋଇଗଲି ଏକଥା ସେ ବୁଝନ୍ତେ କୁଆଡୁ? ତାପରେ ଆରମ୍ଭ ହେଲା ମୋର ଅନ୍ତର୍ଦାହର ପର୍ବ। ମୁଁ ସଞ୍ଜୀୟଙ୍କୁ ପ୍ରେମର ଦ୍ୱାହି ଦେଇ ମୋ ଜୀବନ ପଥରୁ ଦୂରେଇ ଦେଲି। ସେ ନିଷ୍ଠୁର ମୋ ମୁହଁରୁ କଥାକୁ ହିଁ ମାନି ନେଇ ଦେଶନ୍ତରୀ ହେଲେ। ମଉସାଙ୍କୁ କହିଲି ମୁଁ ପାର୍ଥଙ୍କୁ ବିବାହ କରିବି। ମଉସା ଅତିକ୍ରାନ୍ତ ବୟସରେ ମୋରି ପାଇଁ ଘର ଛାଡ଼ିଲେ ଆଉ ବନ୍ଧୁ ରଘୁନାଥ ମଉସାଙ୍କ ଘରକୁ ଚାଲିଗଲେ। କିନ୍ତୁ ପାର୍ଥଙ୍କର ପ୍ରକୃତି ମୋତେ ଅଜଣା ନଥିଲା। ସେ ଚାହୁଁଥିଲେ ପଶୁଭଳି ମୋତେ ଟେମ୍‌ଡ଼ କରି ରଖିବାକୁ। ନିଜର ଅଧିକାର ସାବ୍ୟସ୍ତ କରୁଥିଲେ ସତ୍ୟ କିନ୍ତୁ କୌଣସି ଦିନ ମୋତେ ବୁଝିବାର ସାମାନ୍ୟତମ ପ୍ରୟାସ ମଧ୍ୟ କରି ନ ଥିଲେ। ଟୁର୍‌ରେ ଯାଉଥିଲେ ଦିନ ଦିନ ମୋତେ ନ ଜଣାଇ। କେବେ ଫେରିବେ ବୋଲି ପଚାରିବା ବି ମୋ ପକ୍ଷରେ ଦୋଷାବହ ଥିଲା। ଆପଣମାନେ କହନ୍ତୁତ କେମିତି ସହନ୍ତି ମୋର ଆତ୍ମାର ଅପମାନ। ଦିନେ ରାତିରେ ମୁଁ କାଳେ ସଞ୍ଜୀୟ ଓ ମଉସା କହି ବିଳିବିଳୋଉ ଥିଲି। ପାର୍ଥ ପଚାରିଲେ ସଞ୍ଜୀୟ କିଏ? ମୋଠୁ ସହଜ ଉତ୍ତର ପାଇ ମଧ୍ୟ ସେ ଉତ୍ତ୍ୟକ୍ତ ହୋଇ ଉଠିଲେ। ଦେଖା ହେଲେ ତାଙ୍କୁ ହତ୍ୟା କରିବେ ବୋଲି ଧମକ ମଧ୍ୟ ଦେଲେ। ମୁଁ ସଞ୍ଜୀୟଙ୍କ ବିଷୟରେ କିଛି ଜାଣିନି ବୋଲି ଶୁଣି ମଧ୍ୟ ବିଶ୍ୱାସ କଲେ ନାହିଁ କେତେ ନୀଚ ଥିଲା ତାଙ୍କ ବିଚାର ସତରେ! ଭାବିଲେ ଘୃଣା ଆସୁଛି ନିଜ ଉପରେ। ସେ ବାହାରକୁ ଚାଲିଗଲେ ସଞ୍ଜୀୟଙ୍କର ଠିକଣା ବୁଝିବାକୁ। ଠିକ୍ ପରେ ପରେ ରଘୁନାଥ ମଉସା ମୋ ନିକଟକୁ ଆସିଥିଲେ। ଉଦ୍ଦେଶ୍ୟ ଥିଲା ବୁଝିଯିବେ, ମୁଁ କେମିତି ଅଛି। ପାର୍ଥ ଯଦି ମଉସାଙ୍କୁ ନିଜର ଭୁଲ ମାଗନ୍ତେ ଭଲ ହୁଅନ୍ତା, ଇତ୍ୟାଦି ପରାମର୍ଶ ଦେଲେ। ସେଥିସହିତ ପାର୍ଥଙ୍କୁ ବଦ୍‌ମାସ୍, ଶୟତାନ, ଲମ୍ପଟ ଇତ୍ୟାଦି କହିବାକୁ ମଧ୍ୟ ଭୁଲିଲେନି। ମୁଁ ପ୍ରତିବାଦ କଲି। ଅଧର୍ମରେ ହେଲେ ମଧ୍ୟ ମୁଁ ତାଙ୍କର ଧର୍ମପତ୍ନୀ। ସେ ସ୍ମଗଲିଂ କଲେ ମୁଁ କହିବି ପାରିଲାପଣ। ସେ ପରନାରୀ ସହିତ ସମ୍ପର୍କ ରଖିଲେ ମୁଁ କହିବି ପୁରୁଷାକାର। ମଉସା କିଏ ମୋତେ ପରାମର୍ଶ ଦେବାକୁ। ତାଙ୍କୁ ଅପମାନିତ କରି ବିଦାୟ କରିଦେଲି

ସତ କିନ୍ତୁ ମନ କହୁଥିଲା ମୁଁ ନିଜ ସହିତ ନିଜେ ଲୁଚକାଳି ଖେଳୁଛି। ପାର୍ଥ ଫେରିଲେ ଓ ମଉସାଙ୍କୁ ଚାଲିଯାଉଥିବାର ଦେଖିଲେ। ତାପରେ ମୋତେ ପଚାରି ବସିଲେ ସଞ୍ଜୟଙ୍କ ସହିତ ମୋର ସମ୍ପର୍କ କ'ଣ ? ମୁଁ ଅସହିଷ୍ଣୁ ହୋଇ ଉଠିଲି ଓ ତାଙ୍କୁ ପ୍ରାର୍ଥନା କଲି ଯେ ଯେଉଁପରି ଛୁରୀ ଦେଖାଇ ଭୟଭୀତ କରି ସେ ମୋତେ ବିବାହ କରିଛନ୍ତି ସେହିପରି ମୋତେ ହତ୍ୟା କରନ୍ତୁ। ତାପରେ କ'ଣ ହୋଇଛି ମୁଁ ଜାଣେନା। ମୋର ଚେତା ଫେରିଲା ବେଳକୁ ମଉସା, ରଘୁନାଥ ମଉସା, ସଞ୍ଜୟ, ପାର୍ଥ ଓ ପ୍ରସାଦବାବୁ ସମସ୍ତେ ମୋ ପାଖରେ ବସିଥିଲେ। ଏଇ ପ୍ରସାଦବାବୁ କାଳେ ମୋତେ ଅଚେତ ଅବସ୍ଥାରେ ରାସ୍ତାକଡ଼ରୁ ପାଇ ଘରକୁ ନେଇଥିଲେ, ମୋ ଠାରୁ ମୋ ନାଁ ଗାଁ ଠିକଣାର ବୁଝିବାରେ ଅସମର୍ଥ ହେବାରୁ 'ମଉସା' ଓ ସଞ୍ଜୟ ଏ ଦୁଇଟି ନାମ ନେଇ ପ୍ରଳାପ କରୁଥିବା ଝିଅ (ମୁଁ) ଓ ତା'ର ଚେହେରା ସମ୍ପର୍କରେ ଖବରକାଗଜରେ ବିଜ୍ଞାପନ ମଧ୍ୟ ଦେଇଥିଲେ। ବିଜ୍ଞାପନ ପଢ଼ି ସଞ୍ଜୟ ଋଷିକେଶରୁ ଧାଇଁ ଆସିଥିଲେ। ମୁଁ ପ୍ରଥମେ ଚେତା ପାଇଁ ସଞ୍ଜୟଙ୍କୁ ମୋର ଭାଗ୍ୟ ବିପର୍ଯ୍ୟ ପାଇଁ ଦାୟୀ କରିଥିଲି। କାହିଁକି ସେ ନିଜର ପୌରୁଷ ବଳରେ ମୋତେ ଜୋର କରି ଆପଣାର କରିନେଲେ ନାହିଁ ? କାହିଁକି ତ୍ୟାଗୀ ପ୍ରେମିକର ମୁକୁଟ ପିନ୍ଧି ମୋ ଠାରୁ ଦୂରେଇ ଗଲେ ? ସଞ୍ଜୟ କ'ଣ କହିଥିଲେ ଜାଣନ୍ତି ? ସେ କହିଲେ ସେ ଦିନର ଘଟଣା ଗୋପନ ରଖି ମୁଁ ତାଙ୍କୁ ବିବାହ କରିଥିଲେ ସେ ସୁଖୀ ହୋଇ ଥାଆନ୍ତେ। ମୁଁ ମୋର ଏଭଳି ଅବସ୍ଥା ପାଇଁ ପାର୍ଥଙ୍କୁ ଅପରାଧୀ ମନେ କରିଥିଲି। ତାଙ୍କର ଅଯଥା ସନ୍ଦେହ ମୋ ଜୀବନ ନଷ୍ଟ କରି ଦେଇଛି ବୋଲି ତାଙ୍କୁ ଦୋଷ ଦେଇଥିଲି। ସେ କହିଥିଲେ ଯେ ତାଙ୍କ ଚଞ୍ଚଳ ସ୍ୱଭାବ ଅନୁଯାୟୀ କିଛିଦିନ ପରେ ସେ ସେହି ଗ୍ଲାନିକର ଘଟଣାଟି ଭୁଲିଯାଇ ଥାଆନ୍ତେ। କିନ୍ତୁ ମୁଁ ତାଙ୍କୁ ବିବାହ ପାଇଁ ବାଧ୍ୟ କରିଛି। ମୋ ଭଳି ଦ୍ୱିଧାଗ୍ରସ୍ତ ମନର ସ୍ତ୍ରୀ ପାଇ ସେ ବି ଅସନ୍ତୁଷ୍ଟ। ମୋର ଅସହାୟତା ପାଇଁ ମୁଁ ମଉସାଙ୍କୁ ମଧ୍ୟ ଦାୟୀ କରିଥିଲି। କାହିଁକି ସେ ଘର ଛାଡ଼ିଲେ ଏ ବୟସରେ ? ପାର୍ଥଙ୍କ ପତ୍ନୀ ଭାବରେ ମୋତେ କାହିଁକି ଗ୍ରହଣ କରିପାରିଲେ ନାହିଁ। ମଉସା କହିଲେ ମୁଁ ଯଦି ପାର୍ଥଙ୍କୁ ବିବାହ କରିବାକୁ ଜିଦ୍ ନ କରିଥାଆନ୍ତି ଏ ଦୁର୍ଘଟଣା ଘଟି ନ ଥାନ୍ତା। ରଘୁନାଥ ମଉସା ମଧ୍ୟ କହିଥିଲେ ଯେ ମଉସାଙ୍କୁ ଘରେ ଆଶ୍ରୟ ଦେଇ ଓ ଆମର ମିଳାମିଶା ପାଇଁ ଉଦ୍ୟମ କରି ସେ ଭୁଲ କରିଛନ୍ତି। ପ୍ରସାଦବାବୁ ବିଜ୍ଞାପନ ଦେଇ ନିଜ ବାହାଦୂରୀ ନେବାକୁ ଚେଷ୍ଟା କରିଛନ୍ତି ବୋଲି ମୁଁ ମଧ୍ୟ ଦୋଷୀ ସାବ୍ୟସ୍ତ କରିଥିଲି। ସେ କିନ୍ତୁ ମୋର ଏ ଅବସ୍ଥା ଦେଇ ବହୁତ ବିବ୍ରତ ହୋଇଛନ୍ତି ଓ ମାନବିକତାର ଆହ୍ୱାନରେ ମୋତେ ମୋର ଆତ୍ମୀୟମାନଙ୍କ ନିକଟକୁ ନେଇ ଆସିଛନ୍ତି ବୋଲି ନିଜକୁ ଦୋଷମୁକ୍ତ କରିଥିଲେ। ତେବେ ଆପଣ କୁହନ୍ତୁ। ମୁଁ ସଞ୍ଜୟର ପ୍ରେମିକା, ପାର୍ଥର

ପତ୍ନୀ। ଭକ୍ତ ମଉସାଙ୍କର ପ୍ରାଣାଧିକା କନ୍ୟା। ରଘୁନାଥ ମଉସା ଓ ପ୍ରସାଦ ବାବୁଙ୍କର ଆତ୍ମୀୟା। ମୁଁ ବି କାହା ସହିତ ଖେଳିବାକୁ ଚାହିଁନି। ସବୁରି ପ୍ରତି ମୁଁ ବିଶ୍ୱସ୍ତା। ଭୁଲ ବୁଝାମଣାକୁ ମୋର ଭାରି ଭୟ। ତେବେ ଏତେସବୁ ବିପର୍ଯ୍ୟୟ ମୋର କପାଳରେ କାହିଁକି ଲେଖା ହୋଇଥିଲା ? କାହିଁକି ମୋ ଜୀବନ ଛଳନାର ନାମାନ୍ତର ପାଲଟିଗଲା ? ?

କିଏ ଜଣେ ଅଦୃଶ୍ୟ ଆବାହକଙ୍କ ନିର୍ଦ୍ଦେଶରେ ମୁଁ ମୋ ଦୋଷ ପାଇଁ ଖଣ୍ଡ ଖଣ୍ଡ ହୋଇ କଟା ହେଲି। ସେହି ଆବାହକଙ୍କୁ ନୂତନ ସୃଷ୍ଟିର ପ୍ରାକ୍ କାଳରେ ମୁଁ ପ୍ରଣାମ କରୁଛି। ହୃଦୟରେ ପ୍ରେମିକ ସଞ୍ଜୟ ପାଇଁ ଆଘାତ ସହିଲି। ପାର୍ଥ ହାତ ଧରିଥିଲେ ବୋଲି ହସ୍ତକୁ କାଟିବାର ଅଭିନୟ କଲେ। ଭକ୍ତ ମଉସା ମଣିଷ କରିଥିଲେ ବୋଲି ଗୋଡ଼ ରଘୁନାଥ ମଉସା ଓ ପ୍ରସାଦବାବୁ ମୋ ପାଇଁ ଚିନ୍ତା କରିଥିଲେ, ବିବ୍ରତ ହୋଇଥିଲେ ବୋଲି ମୋ ଶରୀରକୁ ଆଘାତ କରି ଚାଲିଲେ। ପରକ୍ଷଣରେ ମୋର ମୃତ ଶରୀର ନିକଟରେ ସେମାନେ ନିଜ ନିଜର ଆତ୍ମୀୟତା ସାବ୍ୟସ୍ତ କଲେ। ହଠାତ୍ ଯେମିତି ସବୁରି ମନରେ ମୋ ଲାଗି କର୍ତ୍ତବ୍ୟପରାୟଣତା ଜାଗି ଉଠିଥିଲା।

ନୂତନ ସୃଷ୍ଟିରେ ମୁଁ ଜୀବନ୍ୟାସ ପାଇଲି ସତ୍ୟ କିନ୍ତୁ ତାପରେ ମୋର କ'ଣ ହେଲା ? କିଏ କହିବ ? ସେଇଠୁ ବନ୍ଦ ହୋଇଗଲା ମୋ ସ୍ରଷ୍ଟାଙ୍କର ଲେଖନୀ। ଶବ୍ଦର ପ୍ରଚଳିତ ଅର୍ଥ ବଦଳି ଗଲାଣି ବୋଲି ଶୁଣିଥିଲି। ଦେଖିଲି ଭାଇ ଭଉଣୀଙ୍କର ପବିତ୍ର ସମ୍ପର୍କ କାମନାରେ କଳୁଷିତ ହୋଇଗଲା। ପିତୃପ୍ରତିମ ମଉସା ଓ ରଘୁ ମଉସା ହୁଏତ ମୋରି ପାଇଁ ଜୀବନର ଶେଷତମ ଆଘାତ ସହିଲେ। ସଞ୍ଜୟଙ୍କର ତ୍ୟାଗର ଆଟୋପ ଭିତରେ ମୋର ଭଲ ପାଇବାର ଆବେଗ ଶିଥିଳ ହୋଇଗଲା। ପାର୍ଥଙ୍କର ପାଶବିକତା ମଧ୍ୟରେ ହୃଦୟର ଅଭାବ ମୋତେ ଅନ୍ତଃସାରଶୂନ୍ୟ କରିଦେଲା। ତେବେ ଆପଣ କୁହନ୍ତୁ ପରବର୍ତ୍ତୀ ଜୀବନରେ ମୁଁ କାହାର ହେବି ? ମୁଁ ତ ଇଚ୍ଛା କରି କାହାକୁ ଠକାଇନି। ଇଚ୍ଛା କରି କାହାକୁ ଅପଦସ୍ତ କରିନି। ତେବେ ମୋ ଜୀବନ କାହିଁକି ଏପରି ବିପର୍ଯ୍ୟସ୍ତ ହୋଇଗଲା ? କିଏ ଦେବ ଏହାର ଉତ୍ତର ? କ'ଣ ନେଇ ମୁଁ ବଞ୍ଚିବି ? ମୁଁ ରୀତା- ଆପଣମାନଙ୍କୁ ପଚାରୁଛି -

■

‘ଅପ୍‌ସରା’ର ଚିନ୍ତାଧାରା

(ବିଶ୍ୱଜିତ ଦାସଙ୍କର ନିଶିପଦ୍ମର ଚରିତ୍ର ଅପ୍‌ସରାର ସ୍ୱୀକାରୋକ୍ତି)

ମୁଁ ଅପ୍‌ସରା, ସ୍ୱର୍ଗର ଲୀଳା ଚଞ୍ଚଳ ରୂପସୀ ଅପ୍‌ସରା ନୁହେଁ ‘ନିଶିପଦ୍ମ’ର ନାରୀ ଚରିତ୍ର ଅପ୍‌ସରା, ପାନବାଲୀ ! ଅବଶ୍ୟ ମୋ ଚେହେରା ମନ୍ଦ ନୁହେଁ, ଏମିତିକି ରାଜେନ୍ଦ୍ରବାବୁଙ୍କ ଅଲିଅଲୀ ଭଉଣୀ ରଞ୍ଜନା ଠାରୁ ମୋ ରଙ୍ଗ ସଫା। ହେଲେ ମୋ ପିନ୍ଧା ଶସ୍ତା ରଙ୍ଗୀନ୍ ସିଲ୍‌କର ଶାଢ଼ୀ, ମୁହଁରେ ବାଜେ ସ୍ନୋ ପାଉଡ଼ର, ଆଉ ବିନାୟକ ବାବୁଙ୍କ ଭାଷାରେ ମୋର କଥାବାର୍ତ୍ତା ଭଲ୍‌ଗାର, ଚାଲି ଓ ହସ ସବୁ ଭଲ୍‌ଗାର ରିପଲସିଭ ତା ମାନେ କ’ଣ କହିଲ ? ମୁଁ ଜାଣିନି ମ, ତୁମେ ସବୁ ଜାଣିଛ କି ?

ମୋ ସ୍ରଷ୍ଟା ନାଟ୍ୟକାର ବିଶ୍ୱଜିତ ଦାସ ମୋତେ ନାଟକରେ ସ୍ଥାନ ଦେଲେ। ନାଟକରେ କ’ଣ କହୁଛି ବା, ବସ୍‌ରେ କହିଲେ ଠିକ୍ ହେବ। ହେଲେ ମୋର ତ ଭାଗ୍ୟ ଖରାପ ବସ୍‌ଟା ଜଙ୍ଗଲରେ ଖରାପ ହୋଇଗଲା, ମୋର ପାନପତ୍ରଗୁଡ଼ାକ ଶୁଖିଗଲା। ଟିକେ ଶୋଇପଡ଼ିଥିଲି ଯେ ଦିପହରେ ନିଦ ଭାଙ୍ଗିଲା ବେଳକୁ ଦେଖିଲି ଯାତ୍ରୀ ସବୁ ବାହାରେ। ଡ୍ରାଇଭର କରାମତ୍ ମିଆଁ ଆଉ କ୍ଲିନର ଶଙ୍କର ବ୍ୟସ୍ତ ହୋଇ ଗାଡ଼ିଟାକୁ ସଜାଡ଼ିବାରେ ଲାଗିଛନ୍ତି। ମୁଁ ପଦାକୁ ବାହାରି ଆସିଲି ଭିଡ଼ିମୋଡ଼ି ହୋଇ ସମସ୍ତେ ମୋତେ ଦେଖି ସାପ ଦେଖିଲା ପରି ଚମକି ପଡ଼ିଲେ। କାହିଁକି ବୁଝି ପାରିଲିନି। ମୁଁ ବି ତେରଣା ପଇସା ଭଡ଼ା ଦେଇଥିଲି ତ ? ପାଣି ମୁନ୍ଦାଏ ମାଗିଲି ଯେ ଶଙ୍କରା ମୋତେ ସେଠାରୁ ତଡ଼ି ଦେବାର ମସୁଧା କଲା। ମୋତେ ଜଙ୍ଗଲି ଫୁଲ ଦେଖାଇ ଦେଇ ତୋଳି ଆଣିବାକୁ କହିଲା। ମୁଁ ଚାଲିଗଲି। ସେ ଗାଡ଼ିରେ ଯେଉଁମାନେ ଥିଲେ ତାଙ୍କ କଥା ଶୁଣ। ଖୁବ୍ ବଡ଼ଲୋକ ଜଣେ ଥିଲେ ନାଁଟା ରାଜେନ୍ଦ୍ର ବୋଧେ। ତାଙ୍କ ପୋଷାକ ପତ୍ର ଚିକ୍ ଚିକ୍। ସେ ସିଗାରେଟ୍ ପିଉଥିଲେ। ଆଉ ଜଣେ ଥିଲେ ସେ ବିନାୟକ ରାଜେନ୍ଦ୍ରବାବୁଙ୍କ ଭଉଣୀ ରଞ୍ଜୁଦେଈଙ୍କୁ ବାହା ହେବାର ଠିକ୍ ହୋଇଥିଲା ବୋଲି ଅନୁମାନ କରିଦେଲି। ଆଉ ଜଣେ ଥିଲେ ନେତା ବାବୁ। ବଡ଼ବଡ଼ କଥା

କହୁଥିଲେ। ତାଙ୍କ ନାଁ ପ୍ରକାଶ, ଆଉଥିଲେ ବ୍ୟବସାୟୀ ନିରଞ୍ଜନ। ବାବାଜୀ ଜଣେ ଥିଲେ ଯେ ସେ ଖାଲି ସବୁବେଳେ 'ଜୟବାବା ସତ୍ୟନାରାୟଣ' କହୁଥିଲେ। ଗାଡ଼ି କେତେବେଳକୁ ଚାଲିବ ଗଣନା କରି ରାଜେନ୍ଦ୍ର ବାବୁଙ୍କଠୁ କିଛି ପଇସା ପତ୍ର ବି ନେଇଥିଲେ ଦେଖିଛି। ବାସ୍ ମୋ ସାଙ୍ଗ ହେବେ ବୋଲି ଭାବିଥିଲି ଯାହାକୁ ସେ ହେଲେ ରଞ୍ଜୁଦେଈ ମାତ୍ର ସେ ମୋତେ ଦେଖିଲେ ଠାଇ ଠାଇ ହେଉଥିଲେ। ମାଇପି ଲୋକ ଏତେ ଟାଣ କ'ଣ ଲୋ ମା'। ମୁଁ ଜଙ୍ଗଲରୁ ଫୁଲ ଆଣି ଆସିଲି। ମୋତେ ଦେଖିତ ରଞ୍ଜୁଦେଈ ମୁହଁ ଫେରାଇନେଲେ। ତଥାପି ମୁଁ ଭାବିଲି ଫୁଲ ଦେଲେ କାଳେ ସେ ମୋତେ କଥା କହିବେ ସୁଖ ପାଇବେ। ରଞ୍ଜୁଦେଈ କହିଲେ, "ଫିଙ୍ଗି ଦେ ମୋର ଲୋଡ଼ା ନାହିଁ। ମୁଁ କେତେ କଷ୍ଟରେ କଣ୍ଟା ବୁଦାରେ ପଶି ତୋଳିଛି କହତ। କାହିଁକି ଫିଙ୍ଗି ଦେଇଥାନ୍ତି। ଟିକଟ ବାବୁଟା ବି କହୁଥିଲା। ମୋ ମୁଣ୍ଡରେ ଫୁଲ ଖୋସିଲେ କାଳେ ଭଲ ମାନିବ। ମୁଁ ନିଜ ମୁଣ୍ଡରେ ଖୋସି ଦେଲି ଫୁଲତକ। ବିନାୟକ ବାବୁ ମୋ ଆଡ଼କୁ ଆସୁଥିଲେ ଯେ ମୋ ମୁଣ୍ଡରେ ଫୁଲ ଖୋସିବା ଦେଖି ଫେରିଗଲେ। କ'ଣ ଏମିତି ଅଶୁଦ୍ଧ ହୋଇଗଲା ପୁରାଣଟା ମୁଁ ବୁଝିପାରିଲିନି।

ବିନାୟକ ବାବୁଟା ସେ ବାବା ସାଙ୍ଗରେ କ'ଣ ଫୁସ୍‌ଫାସ୍ ହେଲା। ତାକୁ ୫ଟଙ୍କା ଦେଲା। ମୁଁ ଆଖି ଛୁଉଁଛି। ମୋରି ଆଖିରେ ଦେଖିଛି ପରା। ଚରଣ ଦାସ ବାବାଜୀ ମୋତେ ମୋ ନାଁ ଗାଁ ପଚାରିଲା ମୁଁ ଚିଡ଼ିଗଲି ଭାରି। ଶହେଥର ଶଙ୍କରପୁର ଦରଜୀ ସାହି ମୋ ଦୋକାନରୁ ପାନ ଖାଇଥିବ ମନେରଖିନି କେମିତି ଲୋକଟା କେଜାଣି। ମୁଁ କହିଲି ବୁଢ଼ୀଟା ଦୋକାନରେ ବସି ମୋତେ ବକୁଥିବ। ବଜବଜ ହେଉଥିବ, ସଞ୍ଜ ହେଲାଣି, ମୋତେ କଞ୍ଚା ଖାଇଯିବ। ରାତି ହେଲାରୁ ମୋତେ ଡର ମାଡୁଥିଲା। ବାବା କହିଲେ ଏତେ ଲୋକ ଅଛନ୍ତି ଡର କ'ଣ। ସେ ବାବୁଆଣୀତ ମୋତେ ଦେଖିଲେ ଶହେଷାଠିଏ ଖାଇଲା ପରି ମୁହଁ କରୁଛି। ଏତେ ଶରଧାରେ ଫୁଲ ଯାଚୁଥିଲି ଯେ କହିଲା କ'ଣ ନାଁ ପକାଇ ଦେ। ବାବାଜୀ ମୋତେ ବୁଝାଇଲେ ଯେ ସେ କାଳେ ମୋର ସାଙ୍ଗ ସରିସା ନୁହଁନ୍ତି। ବଡ଼ ଲୋକ। କାହିଁ ମୋ ଦେହ ରଙ୍ଗତ ତାଙ୍କ ଠାରୁ ସରସା। ବାବା ସଙ୍ଗେସଙ୍ଗେ କହିଲେ ମନରେ ପାପ ପଶିଲେ ଦେହର ରଙ୍ଗକୁ ନଜର ଦିଆଯାଏ ନାହିଁ। ମୁଁ ତ ଜଳିଗଲି ରାଗରେ। ବାବା ପୁଣି କହିଲେ ଏକଥା ସେ କହୁନାହାନ୍ତି। ଏଠି ଥିବା ଅନ୍ୟ ଲୋକମାନେ କହୁଛନ୍ତି। ମୁଁ ପାଟି କଲି। କିଏ କହିଲା ବାଲା ଅଛି କାହାର ଏଡ଼େ ବହପ ବୋଲି ଢେର ଗାଳିଦେଲି। ଏ ଧୋବ ଧାଉଳିଆ ଭଦର ଲୋକଗୁଡ଼ାଙ୍କୁ ମୁଁ ଠିକ୍ ଚିହ୍ନିଥିଲି। ମୁଁ' ପାନ ବାଲୀଟିଏ ବୋଲି କ'ଣ ମୋର ମାନ ଇଜ୍ଜତ୍ ନାହିଁ। ଦେଖ ହୋ! ପ୍ରକାଶବାବୁ କହିଲେ ସେ

ଭଦ୍ରଲୋକ ନୁହେଁ ମୋ ପରି ଜଣେ। ମୋତେ କିଏ ଅପମାନ କଲେ ସେ ସହି ପାରିବନି ଜବାବ ଦେବ। କେବଳ ମୋତେ ନୁହଁ ମ ମୋ ଭଳିଆ ଗରିବ ଗୁରୁବାଙ୍କ ପାଇଁ ତା'ର କାଳେ ମନ ତଟେ। କେତେ କ'ଣ କହିଲା ସରବହରା ନିସ୍ୱ। ମୋ ପାଟିରେ ପଶୁନି ସେଗୁଡ଼ାକ।

ସମସ୍ତେ ଗାଡ଼ି ସଜଡ଼ା ନେଇ ବ୍ୟସ୍ତ ହେଉଥିଲେ। ମୁଁ ତ ଛାର ମାଇପି ଲୋକଟା କ'ଣ କରୁଛି କେଉଁଠି ଅଛି କେହି ବୁଝୁ ନ ଥିଲେ ତ କେମିତିଆ ମଣିଷ କେଜାଣି ? ତାପରେ ଗୋଟେ ମଜା କଥା ଘଟିଲା। ଭାରି ମଜା କଥା। ମତେ ତ ଭୋକ ଲାଗୁଥିଲା। ମୁଁ ଗୁଣୁ ଗୁଣୁ ଗୀତ ଗାଇ ମୋ ବୋଝରୁ ପିଠା ବାହାର କରି ଖାଇ ବସିଲି। ବିନାୟକ ବାବୁ, ବାବୁଆଣୀ ମତେ ଖାଇଗଲା ପରି ଅନାଉଥାଆନ୍ତି। ମୁଁ କାହିଁକି ସିଆଡ଼କୁ ଅନାନ୍ତି ଭଲା। ସେମାନେ ବୋଧେ ମୋ ପିଠାକୁ ଅନଉଥିଲେ। ବଡ଼ ଲୋକ ସିନା ବେଶ ପୋଷାକରେ ପେଟର ଦାଉ ତ ସମାନ। ନା କ'ଣ କହୁନା? ସମସ୍ତେ ରାଜେନ୍ଦ୍ର ବାବୁଙ୍କୁ ଡାକି କହିଲେ କି କ'ଣ? ରାଜେନ୍ଦ୍ର ବାବୁ କହିଲା ନିରଞ୍ଜନକୁ ଯେ ସେ ଟିକେ କାଶିଲେ ଭଲ ହେବ। ମୁଁ କାଶ ଶବ୍ଦରେ ତାକୁ ଅନେଇବି। ନିରଞ୍ଜନ ବାବୁଟା କାଶି ବି ପାରୁ ନଥିଲା। ତା'ର ବଳ ପାଉ ନ ଥିଲାକି କ'ଣ। ରଞ୍ଜନା ଦେଈ ତ ନିଶ୍ଚେ ଭାବୁଥିବେ ଯେ ସେ ମୋ ଫୁଲ ନେଲେନି ବୋଲି ମୁଁ ତାଙ୍କୁ ଚାହୁଁନି। ଭାବନ୍ତୁ, ମୋର କି ଯାଏ। ଅନ୍ୟମାନେ ବି ମୋରି କଥା କୁହାକୁହି ହେଉଥିଲେକି କ'ଣ। ବିନାୟକବାବୁ ଯାଇ ସେ ବାବାକୁ ଡାକିଲା। ତାକୁ ଆଉ ପଇସା ଲାଞ୍ଚ ଦେଇଥିବକି କ'ଣ ଯାହାହେଉ ବାବାଜୀଟା ଆଗ ମୋ ପାଖକୁ ଆସିଲା। ମୋଠୁ ଖଣ୍ଡେ ପିଠା ପାଇ ତାକୁ ଚଟାପଟ ପାଟିରେ ପକାଇବାରେ ଲାଗିଗଲା। ଅନ୍ୟମାନେ ଟିକେ ଦୂରରେ ଠିଆ ହୋଇ ଅନାଇ ଥାଆନ୍ତି। ପ୍ରକାଶବାବୁ ବି ମୋ ପିଠା ବାସ୍ନାରେ ଆସିଲେ ସେମାନଙ୍କ ପାଖକୁ। ସେମାନେ ବୋଧେ ତାଙ୍କୁ ମୋ ପିଠା କଥା କହିଲେ କି କ'ଣ? ମୋ ଲାଗି ତ ତା'ର ଦରଦ ଉଛୁଳି ପଡୁଥିଲା କ'ଣ କହିଥିବ କି ଭୁଲ ମଗେଇଥିବ ମୋ ଅପମାନ ପାଇଁ। ପ୍ରକାଶବାବୁ ମୋ ପାଖକୁ ଗଲା। ମତେ ସବୁରି କଥା କହିଲା। ମୁଁ ଶୁଖିଲା ପିଠା ଓ ଗୁଡ଼ ଧରି ସବୁରି ପାଖୁ ଅଇଲି। ନିରଞ୍ଜନ, ରାଜେନ୍ଦ୍ର ବାବୁ ବସି ପଡ଼ିଲେ ପୁଟୁଳା ପାଖରେ। ରଞ୍ଜନା ଦେଈ ଖାଲି କାନ୍ଦୁଥାନ୍ତି। ମୁଁ ତାଙ୍କ ପାଖକୁ ଖଣ୍ଡେ ପିଠା ନେଇଗଲି। ତାଙ୍କୁ ବୁଝେଇ ପିଠା ଖଣ୍ଡିକ ଖାଇ ଦେବାକୁ ଜିଗର କଲି। ସେ ଖାଲି କାନ୍ଦିକାନ୍ଦି କହୁଥାଆନ୍ତି, "ମୋର ଦୋଷ ହୋଇଛି"। ଏତିକିବେଳେ ପ୍ରକାଶ ବାବୁଟା ହାତ ହଲେଇ କ'ଣ ଭାଷଣ ଝାଡ଼ି ଦେଇଗଲା। ମୁଁ କାଳେ ମୋ ମୁହଁରୁ ଆହାର କାଢ଼ି ସବୁରି ମୁହଁରେ ଦେଇଛି। ସବୁରି ଜୀବନ ବଞ୍ଚାଇଛି ଇତ୍ୟାଦି କେତେ କ'ଣ, ମୁଁ

ବୁଝିପାରୁ ନ ଥିଲି । ମୋତେ ଲାଗୁଥିଲା ଟିକେ ପିଠା ଖାଇବା ପରେ ବୋଧେ ସେ ବାବୁଟାର ପାଟି କରିବାକୁ ବଳ ପାଇଗଲା କି କ'ଣ । ଗାଳି ନ ଦେଉଥିବ ତା ସହରୀ ଭାଷାରେ । ବାବାଜୀଟା ସବୁଠି ବେଶି ପିଠା ନେଇ ଯାଉଥିଲା । ନିରଞ୍ଜନ ଗାଳି ମନ୍ଦ ଦେଇ ତାଠୁଁ ଫାଳେ ନେଇଗଲା । ନଉ ମୋର କି ଯାଏ । ରଞ୍ଜନା ଦେଈ ଖାଇସାରି କହିଲେ, "ଆପଣଙ୍କୁ ମୁଁ ଚିହ୍ନିପାରି ନଥିଲି ।" କି କଥାଲୋ ମା' ଶଙ୍କରପୁର ଦରଜୀ ସାହିରେ ପରା ମୋ ପାନ ଦୋକାନ ।

ସମସ୍ତେ ଖାଇସାରି ବିଶ୍ରାମ ଲୋଡ଼ିଲେ । ବସ୍ ଭିତରକୁ ଗଲେ । ରାଜେନ୍ଦ୍ର ବାବୁଙ୍କର ବଡ଼ଲୋକୀ ଢଙ୍ଗଟା ହଠାତ୍ ମନେ ପଡ଼ିଗଲା କି କ'ଣ ସେ ମୋତେ ଟଙ୍କା ଯାଚି ବସିଲେ । ମୋର ଟଙ୍କାଟା କ'ଣ ହୁଅନ୍ତା ଯେ ? ମୁଁ ଥଟ୍ଟା କରି କହିଲି ଯେ ଗରିବ ପାନବାଲୀଟାକୁ କେତେଟା ଟଙ୍କା ଛଡ଼ା ସେମାନେ ବା କ'ଣ ଦେଇ ପାରିଥାନ୍ତେ । ପଦେ ଭଲ କଥାତ କେହି କହି ନଥିଲେ ପିଠା ଖିଆ ଯାଏ । ମତେ ସମସ୍ତେ ବସ୍ ଭିତରକୁ ଡାକିଲେ । ଆସକତିଆଟା ନାଗୁଥିଲା ବି । ତାପରେ ଜନ୍ତୁ ଜାନୁଆର ଭୟ ।

ଆରେ ବାବୁ ବସ୍ ଭିତରେ କ'ଣ ଜନ୍ତୁ ଜାନୁଆର ଭୟ ନଥିଲା । ଅଧରାତିରେ ମୁଁ ଚିତ୍କାର କଲି । ଖୁବ୍ ଶୋଧିଲି ଯାହା ମନକୁ ଆସିଲା । ସବୁ ଶଳା ସଇତାନ । ମତେ କ'ଣ କରିପାଇଲେ କି ? ରଞ୍ଜନା ଦେଈ ମତେ ପଚାରିଲେ ମୁଁ କାହିଁକି ପାଟିକଲି ବୋଲି । ମୁଁ ତାଙ୍କୁ କହିଲି ମୋ ଦୁଃଖ କଥା । ମୋର କ'ଣ ମାନ୍‌ଇଜ୍ଜତ ନାହିଁ । ରାଜେନ୍ଦ୍ରବାବୁ ଅନ୍ଧାରରେ ଧାଇଁ ପଳାଉଥିବା ଲୋକଟାକୁ ଗୁଳି କଲେ । ନିରଞ୍ଜନବାବୁ ଡିଆସିଲି ମାରି କ'ଣ ଦେଖିଲେ ଜାଣନ୍ତି ? ପ୍ରକାଶ ବାବୁଙ୍କ ହାତରୁ ଗୁଳି ବାଜି ରକ୍ତଧାର ଛୁଟୁଥିଲା । ସେଇ ପ୍ରକାଶ ବାବୁ ଯେ ମୋ ପାଇଁ ଅନ୍ୟକୁ ଜବାବ ଦେଉଥିଲେ । ନିଜେ ଜନ୍ତୁ ଜାନୁଆର ପାଲଟି ଗଲେ । ମୋ ଭାଗ୍ୟ ମୁଁ ତ ରାସ୍ତାର ଅଳିଆ । ବଡ଼ ଲୋକ ଘର ଝିଅବୋହୂ ନୁହେଁ, ତଥାପି ତୁମେ ସବୁ କହିଲ ? ମୋର ଭୁଲ କେଉଁଠି ରହିଗଲା । ମୁଁ କ'ଣ ସେଇ ବସ୍‌ରେ ଯାଇ ଏଡ଼େ ପାପଟାଏ କଲି ? ଯଦି ତାଙ୍କ କାର୍‌ରେ ନେଇ ଯାଇଥାନ୍ତେ ତେବେ କଥା ଅଲଗା ହୋଇଥାନ୍ତା । ମୁଁ ଯଦି ନଯାଇ ଥାଆନ୍ତି ତେବେ ପିଠା ଗୁଡ଼ ବାଣ୍ଟ କରିଥାନ୍ତେ କୁଆଡୁ ଯେ ଠକ୍‌ଠାକ୍ ଜୀବ ଛାଡ଼ିଯାଇଥାନ୍ତା । ତଥାପି ମୋ ଦେହ ଉପରେ ନଜର । ଏସବୁ କାଳେ ଭଦର ଲୋକ । ମୋ ବାପା (ନାଟ୍ୟକାର) ଏମିତିଆ ପରିସ୍ଥିତିରେ ମୋ ଭଳି ଗୋଟେ ପାନବାଲୀକୁ ରଖି ନିଜର ବାହାଦୂରୀ ମାରିନେଲେ ସିନା xxxମୁଁ କେମିତି ଘରକୁ ଯିବି । ସେ ବୁଢ଼ୀ ତ ମୋତେ ଆଉ ରଖେଇ ଥୋଇ ଦେବନି ।

■

ଶାଶ୍ୱତୀର ଦୃଷ୍ଟିଭଙ୍ଗୀ

(ମନୋରଂଜନ ଦାସଙ୍କର 'ବିତର୍କିତ ଅପରାହ୍ନ'ର ଚରିତ୍ର ଶାଶ୍ୱତୀର ଆତ୍ମଲିପି)

ମୁଁ ଶାଶ୍ୱତୀ। ବିଂଶ ଶତାବ୍ଦୀର ଅଶୀଦଶକରେ ମୋର ପ୍ରାଣ ପ୍ରତିଷ୍ଠା। ମୋର ଜନକ ନାଟ୍ୟକାର ମନୋରଞ୍ଜନଙ୍କ ପାରିବାରିକ ନାଟକ 'ବିତର୍କିତ ଅପରାହ୍ନ'ର ମୁଁ ଚରିତ୍ରଟିଏ। କ୍ଲାସ୍‌ୱାନ୍ ଅଫିସର ସୁକୁମାର ମହାପାତ୍ରଙ୍କର ପତ୍ନୀ। କିଶୋରରୁ ଯୁବକ ହେଇଥିବା ବୁଲ୍‌ବୁଲ୍‌ର ମା'। ମୋର ଷ୍ଟାଟସ୍ ଅଛି। ସହରରେ ଏକାଧିକ ପ୍ରାସାଦର ମୁଁ ଅଧିକାରିଣୀ। ଗାଡ଼ି, ବ୍ୟାଙ୍କ ବାଲାନ୍ସ ସବୁଥିରେ ସମ୍ପୂର୍ଣ୍ଣା। ହିଁ ନିଜେ ବି ମୁଁ ରୋଜଗାର କରୁଛି। କି ଚାକିରି ସେ ବିଷୟରେ ନାଟ୍ୟକାର କିଛି ସ୍ପଷ୍ଟ ସୂଚନା ଦେଇ ନାହାନ୍ତି। କିନ୍ତୁ ମୋ ଦରମା ଠାରୁ ସ୍ୱାଚ୍ଛନ୍ଦ୍ୟର ମାତ୍ରା ଅଧିକ। ମୋର ଶାଢ଼ୀ ଦାମିକା। ଆମ ଘରେ ଫର୍ଣ୍ଣିଚର୍ ସବୁ ଅତ୍ୟାଧୁନିକ ଡିଜାଇନ୍‌ର ସେଥିପାଇଁ ଅର୍ଥ ମୁଁ କେଉଁଠୁ ପାଏ ସେ ବିଷୟରେ ମୋ ସ୍ୱାମୀ କେବେବି ପ୍ରଶ୍ନ କରନ୍ତି ନାହିଁ। କରିବାବି ସମ୍ଭବ ନୁହେଁ। କାରଣ ମୁଁ ଜାଣିଛି ତାଙ୍କର ଅର୍ଥାଗମର ସମସ୍ତ ଉପାୟ-ତାପରେ ବୁଲ୍‌ବୁଲ୍‌ଟାକୁ ନେଇ ଚିନ୍ତା। ଟୋକାଟା ଦିନକୁ ଦିନ ହାତଛଡ଼ା ହୋଇଯାଉଛି ସୁକୁମାର କୁହନ୍ତି ମୁଁ କାଳେ ସେଥିପାଇଁ ଦାୟୀ। ମୁଁ କାଳେ ତାକୁ ପ୍ରୋଟେକ୍‌ସନ ଦେଉଛି। ହେଲାବାବା। ପିଲାଟା ଏବେ କଲେଜରୁ ବନ୍ଧୁଙ୍କ ସାଙ୍ଗରେ ସିନେମା ଦେଖି ଚାଲିଗଲା। କୋଉଠି ଗାଧୋଇ ଓଦାଲୁଗାରେ ଘରକୁ ଫେରିଲା ତୁମେ ତାକୁ ସେଇଠି ଆକଟ କରିବ କାହିଁକି ? କଲେଜରେ ଏବେ କି ପାଠପଢ଼ା ହେଉଛି କି ? ମୁଁ ଚିହ୍ନିଛି ସେ ପଟ୍ଟନାୟକ, ସାହାଣୀ, ମିଶ୍ର, ସେନାପତି, ମହାନ୍ତି ଲେକ୍‌ଚରମାନଙ୍କୁ। ବୁଲ୍‌ବୁଲ୍ ମୁଁ ଶୁଣିଛି ଏମିତି ଡ୍ରମ୍, ଫମ୍ପାଢ଼ୋଲ। ଅଥଚ ପିଲାଟା ପାଇଁ ମୋ ପତିଦେବଙ୍କର ଟିକେ ବି କନ୍‌ସିଡ୍‌ରେସନ୍ ନାହିଁ।

ଭୁଲିଯାଇଥିଲି, ମୁଁ ଏକଦାଥିଲି ଶିଳ୍ପପତି ଆଦିତ୍ୟଙ୍କର ପ୍ରେମିକା ଦୀର୍ଘ କୋଡ଼ିଏ

ବର୍ଷ ପରେ ତାଙ୍କ ସହିତ ଗୋଟାଏ ଶାଢ଼ି ଦୋକାନରେ ଦେଖାହେଲା ଦାମିକିଆ ଶାଢ଼ି ପ୍ୟାକେଟଟି ସେ ବଦଳାଇ ନେଇଥିଲେ ମୋ ପ୍ୟାକେଟ ସହିତ ଜାଣିଶୁଣି ପଚାରିଲାରୁ କହିଥିଲେ ଦାମିକା ଶାଢ଼ିଟା ମୋତେ ଖୁବ୍ ମାନିବ ବୋଲି। ବିବାହ ପରେ ମୁଁ ତାଙ୍କ ସହିତ କିଛିବି ସମ୍ପର୍କ ରଖୁନଥିଲି ସତ କହୁଛି। ତାଙ୍କର ବିରାଟ ବ୍ୟବସାୟର ଗୋଟାଏ ବ୍ରାଞ୍ଚ ଖୋଲୁଥିଲା ଆମେ ରହୁଥିବା ସହରରେ, କିନ୍ତୁ ଭୀଷଣ ମୁଡ଼ୁଡ଼ୀ ସେ ଭଦ୍ରଲୋକ। କହିଥିଲେ କୋଡ଼ିଏ ବର୍ଷ ପରେ ବି ମୋ ଚେହେରାର କିଛି ପରିବର୍ତ୍ତନ ହୋଇନି। ମୁଁ ଯେ ବୁଲ୍‌ବୁଲ୍ ଭଳି ଟିନ୍‌ଏଜ୍‌ରର ମା' ସେ ଭୁଲି ଯାଇଥିଲେ। ଆଦିତ୍ୟ ମହାପାତ୍ର ଆଉ ସୁକୁମାର ମହାପାତ୍ର ଉଭୟ ମହାପାତ୍ର ହିଁ ମୋ ପାଇଁ ଈଶ୍ୱର ପ୍ରେରିତ ଥିଲେ ବୋଲି ସେ ପରିହାସ କରିଥିଲେ।

ହଠାତ୍ ଆମ ଘରର ଏଇ ଆପାତଃ ସୁନ୍ଦର ପରିବେଶ ମଧ୍ୟରେ ଝଡ଼ ସୃଷ୍ଟି ହେଲା, ଯେଉଁଦିନ ମୋ ଶ୍ୱଶୁର ଆସି ଆମ ବାସଭବନରେ ପହଞ୍ଚିଲେ। ସେ ଥିଲେ ନିଷ୍ଠାପର ଶିକ୍ଷକ। ମୋର ସ୍ୱାମୀଙ୍କୁ ସତ୍ୟ ନ୍ୟାୟ ପଥରେ ଚାଲିବାକୁ କାନେ କାନେ ଶିଖାଇଥିଲେ। କିନ୍ତୁ ତାଙ୍କ କଥାଗୁଡ଼ାକ କେବେଠୁଁ ଆମ ପାଇଁ ଅର୍ଥଶୂନ୍ୟ ପାଲଟି ଯାଇଥିଲା। ସାରା ଜୀବନର ସତ ଅର୍ଥରେ ସେ ତିଆରି କରିଥିଲେ ଗୋଟେ ସୁବର୍ଣ୍ଣ ମାଧବ ପ୍ରତିମା। ତାଙ୍କୁ ପ୍ରତିଷ୍ଠା କରିବା ପାଇଁ ମନ୍ଦିରଟିଏ ଲୋଡ଼ା ଥିଲା। ସେହି ମନ୍ଦିର ପାଇଁ କିଛି ଅର୍ଥ ଆବଶ୍ୟକ ହେବାରୁ ସେ ପୁଅ ପାଖକୁ ଆସିଥିଲେ ପ୍ରଥମ ଥର। କେବେ ଯା ପୂର୍ବରୁ ସେ ଆମ ପାରିବାରିକ ଜୀବନରେ ହସ୍ତକ୍ଷେପ କରି ନ ଥିଲେ। ଭାରି ସ୍ୱାଭିମାନୀ ଥିଲେ। କିନ୍ତୁ ହଠାତ୍ ୧୦/୧୫ ହଜାର ଟଙ୍କା ଆମେ ଆଣିଥାନ୍ତୁ କୁଆଡୁ। ମୁଁ ପୁଣି ତାଙ୍କର ରୋଜଗାରିଆ ବୋହୂ। ମୁଁ ଭାବିଥିଲି ଆଦିତ୍ୟଙ୍କୁ ମାଗିଲେ ହୁଏତ ସେ ଦେଇପାରନ୍ତି। ତାଙ୍କ ପାଇଁ ଅଫିସରୁ ଫେରି ବାଟରେ ଗଛମୂଳେ ଅପେକ୍ଷା କରିଥିଲି। ମୋର ସ୍ୱୀକାର କରିବାରେ ଲଜ୍ଜାନାହିଁ ଯେ ଆଦିତ୍ୟଙ୍କ ସହିତ ମୁଁ ଏହା ପୂର୍ବରୁ ବହୁବାର ବୁଲିଯାଇଛି। କଥାବାର୍ତ୍ତା କରିଛି। କିଛି ଦାମିକା ପ୍ରେଜେଣ୍ଟେସନ୍ ମଧ୍ୟ ଗ୍ରହଣ କରିଛି। ଗୋଟିଏ କଥାରେ କହିଲେ ସୁକୁମାରଙ୍କର ଅର୍ଥ ଓ କ୍ଷମତା ଲାଳସା ଭିତରେ ମୋର ନାରୀତ୍ୱ ମରି ଯାଉଥିବା ସମୟରେ ଆଦିତ୍ୟଙ୍କ ସମ୍ପର୍କ ଭିତରେ ମୁଁ ବଞ୍ଚିବାର ରାହା ଖୋଜି ପାଇଛି। ଆପଣଙ୍କୁ ମୁଁ ସ୍ପଷ୍ଟ ଭାବରେ ସବୁ କହି ଦେଉଛି ବୋଲି ଆପଣ ମୋତେ ସ୍ୱେଚ୍ଛାଚାରିଣୀ କହି ପାରନ୍ତି କିନ୍ତୁ କହିପାରିବେ ଆମ ସମାଜରେ ଏମିତି କେତେ ସ୍ତ୍ରୀଲୋକ ଅଛନ୍ତି ଯେଉଁମାନେ ମୋ ଭଳି ଅଭାବ ନ ଥାଇ ମଧ୍ୟ ଉପହାର ଗ୍ରହଣ କରିପାରନ୍ତି। ପୁରୁଷ ବନ୍ଧୁଙ୍କ ସହ ବୁଲି ପାରନ୍ତି। ତାପରେ ଏଇଟା ଏମିତି କୋଉ ଗର୍ହିତ କଥା କି। ୧୮/୧୯ ପୁଅ ଅଛି ମୋର। ଟିକେ ପୁରୁଣା ବନ୍ଧୁଙ୍କ

ସହିତ ବୁଲାବୁଲି କଲେ କ'ଣ ମୋର ସତୀତ୍ୱ ଉପରେ ଆଞ୍ଚ ଆସିଗଲା। ଆମ ନାରୀ ଜାତିଟାକୁ ଏତେ ନୀଚ ବୋଲି ସମସ୍ତେ କାହିଁକି ଭାବନ୍ତି କେଜାଣି ? ମୁଁ କେବେ ମିଃ ମହାପାତ୍ରଙ୍କୁ ତାଙ୍କ ଅଫିସ୍ କଥା ବିଷୟରେ ପଚାରିଛିକି ?

କିନ୍ତୁ ମୋର ସେଦିନ ଗୋଟେ କଥା ମନେ ନଥିଲା। ମନେ ନ ଥିଲା କହିଲେ ମିଛ କହିବି ମୁଁ ଜାଣି ଜାଣି ଆଭଏଡ୍ କରିଥିଲି। ମୋ ଶ୍ୱଶୁରଙ୍କର ଦୀର୍ଘ କାଳର ଅଭ୍ୟାସ ଛୁଟି ଦିନରେ ଏକାଠି ଗୋଟିଏ ଟେବୁଲରେ ଖାଇବାର। ସେ ମୋତେ ଅପେକ୍ଷା କରିଥିବେ ନିଶ୍ଚୟ ହେଲେ ମୁଁ ଯେ କର୍ତ୍ତବ୍ୟର ଦ୍ୱାହି ଦେଇ ଆଦିତ୍ୟଙ୍କୁ ଅପେକ୍ଷା କରିଛି। ସତରେ ତାହା ମୋର କର୍ତ୍ତବ୍ୟ ପରାୟଣତା ଥିଲା ନା ଆଦିତ୍ୟଙ୍କ ପ୍ରତି ଆସକ୍ତି ହିଁ ଥିଲା ଏକଥା ମୁଁ ଠିକ୍ ଭାବେ ବିଚାର କରି ପାରିନି ଆଜିଯାଏ। ସେଠାରେ ମୁଁ ମୋର ବିବେକର ସମ୍ମୁଖୀନ ହୋଇଥିଲି ଯୁକ୍ତି ଦେଇ ବିବେକକୁ ବୁଝାଇ ଦେଇଥିଲି ଯେ ମୁଁ ଯାହା କରୁଛି ଭୁଲ୍ ନୁହେଁ। କାରଣ ଶ୍ୱଶୁରଙ୍କର ଇଚ୍ଛା ପୂରଣ ପାଇଁ ମୋର ମଧ୍ୟ କିଛି କର୍ତ୍ତବ୍ୟ ରହିଛି। କ୍ଷତି କ'ଣ ମୁଁ ଟଙ୍କା କିଛି ସଂଗ୍ରହ ପାଇଁ ମୋ ସ୍ୱାମୀଙ୍କ ସହିତ ସହଯୋଗ କଲେ ? ତାଙ୍କ ଧଳାଗାଡ଼ି ଦେଖି ଆଶ୍ୱସ୍ତ ହେଲି, ସେଦିନ ଘରକୁ ଫେରି ସୁକୁମାରଙ୍କ ସହିତ ମୋର ଯୁକ୍ତି ହୋଇଥିଲା। ସେ ଚାହୁଁଥିଲେ ଯେ ବାପାଙ୍କ ଖାଇବା ବେଳକୁ ଅନ୍ତତଃ ମୋର ଫେରି ଆସିବା ଉଚିତ ଥିଲା। ମୁଁ ବି ଛାଡ଼ି ନ ଥିଲି। ତାଙ୍କର କାମ ଥାଇପାରେ। ସେ ରବିବାର ମଧ୍ୟ ଡେରିଯାଏ ରହିପାରନ୍ତି ଅଫିସରେ। ହେଲେ ମୁଁ କାହିଁକି ନୁହେଁ। ଆଜିଯାଏ କେବେ ଘରକଥା ଚିନ୍ତା କରିନଥିବା ମଣିଷର ଘର ବିଷୟରେ କିଛି ପଚାରିବାର ଅଧିକାର ମଧ୍ୟ ନାହିଁ। ସୁକୁମାର ମୋର ଚାଲିଚଳଣିକୁ ସନ୍ଦେହ କରିଥିଲେ। ମୁଁ କିନ୍ତୁ ତାଙ୍କୁ ମୋର ବୟସ ତଥା କର୍ତ୍ତବ୍ୟ ସମ୍ପର୍କରେ ସଚେତନ କରାଇ ଦେଇଥିଲି।

ଏ ଭିତରେ ମୋ ଶ୍ୱଶୁର ବୋଧେ ଆମ ଘର, ଗାଡ଼ି, ବ୍ୟାଙ୍କ ବାଲାନ୍ସ ସମ୍ପର୍କରେ ବୁଲୁବୁଲ୍ ଠାରେ କିଛି ତଥ୍ୟ ସଂଗ୍ରହ କରି ସାରିଥିଲେ। ମୋତେ ଡାକି ସେ ତାଙ୍କ କ୍ଷୋଭ ପ୍ରକାଶ କରିଥିଲେ। ଆମ ଘରକୁ ଆସି ସେ ଭୁଲ୍ କରିଛନ୍ତି। ତାଙ୍କ ମୁଣ୍ଡ ଗୋଳମାଳ ହୋଇ ହୋଇ ଯାଉଛି ବୋଲି କହିଲେ ଆମ ରୋଜଗାର ମଧ୍ୟରେ ଏତେ ଅଳ୍ପଦିନରେ ଏତେ ସମ୍ପତ୍ତି ଠୁଳ କରିବା ସମ୍ଭବ ନୁହେଁ ବୋଲି ଯୁକ୍ତି କଲେ। ଆମର ଅନ୍ୟାୟ ଅର୍ଜିତ ସମ୍ପତ୍ତିରୁ ଧନ ନେଇ ସେ ମାଧବ ମନ୍ଦିର ପ୍ରତିଷ୍ଠା କରିପାରିବେ ନାହିଁ ବରଂ ଗାଁରେ ଚାଳିଆ କରି ତାଙ୍କୁ ରଖି ପୂଜା କରିବେ। ଆମ ଦିଜଣଙ୍କର ଯେତେ କୈଫିୟତ୍ ବାପାଙ୍କ ମନରେ କୌଣସି ପ୍ରଭାବ ପକାଇନଥିଲା। ସେ କାନ୍ଦୁଥିଲେ ପିଲାଙ୍କ ପରି। ବନାଠୁ ଶୁଣିଲି ସେଦିନ ସେ ଖାଇଲେ ନହିଁ। ଖାଲି ମାଳି ହିଁ ଗଡ଼ାଉଥିଲେ।

ମୁଁ ପୁଣି ଥରେ ଏକ ବିଚିତ୍ର ପରିବେଶର ସମ୍ମୁଖୀନ ହୋଇଥିଲି। ମୋର ବିବେକ ଯେମିତି କହୁଥିଲା ଯେ ମୋତେ ସନ୍ଦେହ ଭିତରେ ବଞ୍ଚିବାକୁ ହେବ। ସୁକୁମାର ଆଉ ମୋ ଭିତରେ ବିଶେଷ କିଛି ପାର୍ଥକ୍ୟ ନ ଥିଲା ଅର୍ଥସଂଗ୍ରହ ଉପାୟ ମଧ୍ୟରେ। ତେଣୁ ମୋର ଆଦିତ୍ୟଙ୍କ ସମ୍ପର୍କ ନେଇ ବିଶେଷ ଭୟ କରିବା ଲୋଡ଼ା ନାହିଁ।

ସୁକୁମାର ଘରକୁ ଫେରିବା ପରେ ମୁଁ କିପରି ବାପାଙ୍କୁ ବୁଝାଇବାକୁ ମୁଁ ସାରାଦିନ ଅଫିସ୍ ନଯାଇ ଘରେ ବସିରହିଛି ସେ କଥା କହିଥିଲି। ବାପାଙ୍କ ପାଇଁ ସୁକୁମାର ଟ୩୦୦୦୦ ଆଣିଥିଲେ ହୁଏତ କୌଣସି ପାର୍ଟିର ପ୍ରଥମ ଇନ୍‌ଷ୍ଟାଲ୍‌ମେଣ୍ଟ। ମୁଁ ମଧ୍ୟ ଆଦିତ୍ୟଙ୍କ ଠାରୁ ଋଣିଥିଲି ଟ୨୦୦୦୦। ସୁକୁମାର ଆଶ୍ଚର୍ଯ୍ୟ ହେଲେ ସତ୍ୟ କିନ୍ତୁ ମୁଁ କହିଥିଲି ଯେ ଯାହାର ମନ୍ଦିର ସେଇ ଟଙ୍କା ଦେଇଛି। ଯଦି ଲକ୍ଷ ଲକ୍ଷ ଟଙ୍କା ଆଣି ସିଏ ଘର ଗାଡ଼ି କରି ପାରନ୍ତି ମୁଁ ଟ୨୦୦୦ ଆଣିଲେ ବ୍ୟସ୍ତ ହେବା ବା ସନ୍ଦେହ କରିବା ଉଚିତ ହେବ ନାହିଁ। କିନ୍ତୁ ଭିତରୁ ଜଣେ କିଏ କହୁଥିଲା ଯେ କଥା ବଢ଼ିଲେ ଆଉ ଠିକ୍ ହେବନି। ତାପରେ ବୁଲ୍‌ବୁଲ୍ ଆସି ପହଞ୍ଚିଲା। ତା'ର ନାରୀବନ୍ଧୁ ଲୀନା ସହିତ ସେ ଶ୍ମଶାନରେ ନୃତ୍ୟ କରିଥିଲା ଦୀର୍ଘ ସମୟ ଧରି। ନିର୍ବିକାର ଭାବରେ ସେ ମୋତେ ମାଗି ବସିଲା ଧଳା ଆମ୍ବାସାଡ଼ର ଗାଡ଼ିଟା ଯେଉଁଥିରେ କି ସେ ଦିହେଁ ବାହାରକୁ ବୁଲିଯିବେ ଯେଉଁଥିରୁ ସେ ମୋତେ ଅନେକଥର ଓହ୍ଲାଇବା ଦେଖିଥିଲା। ସୁକୁମାର ବି ଲୀନା ବିଷୟରେ ଶୁଣି ଚମକି ପଡ଼ିଥିଲେ। ଯେଉଁ ପୁଅକୁ କୋଳରେ ପୂରାଇ ତା'ର ସବୁ ଦୋଷ ପିଲାଳିଆମି ବୋଲି ମନେ କରୁଥିଲି ସେଥିପାଇଁ ସୁକୁମାରଙ୍କ ଠାରୁ କେତେ ଗାଳି ବି ଶୁଣିଥିଲି ସେଇ ପୁଅ ମୋର କେବେଠୁଁ ମୋ କୋଳ ଛାଡ଼ି ସାରିଥିଲା। ଆଜି ମୋ ଠାରୁ ଲୀନାର ଆକର୍ଷଣ ଅଧିକ। ସେଥିପାଇଁ ଚାହେଁ ଟଙ୍କା ତା'ର ଫୁର୍ତ୍ତି ପାଇଁ। ସୁକୁମାର ଓ ମୁଁ ବାପାଙ୍କୁ ଆମେ ଯୋଗାଡ଼ କରୁଥିବା ଟଙ୍କା ଦେବା ସମୟରେ ବାପା ଆମକୁ ହତଚକିତ କରି ଘୋଷଣା କଲେ ଯେ ମାଧବ ମୂର୍ତ୍ତି ଅପହୃତ। ମୁଁ ବାପାଙ୍କ ବନ୍ଧୁ ଚନ୍ଦ୍ରମଣି ବାବୁଙ୍କ ସନ୍ଦେହ କରିଥିଲି। ବାପା ଆମ ଉଭୟଙ୍କୁ ମଧ୍ୟ ସନ୍ଦେହ କରିଥିଲେ। କିନ୍ତୁ ସମସ୍ତଙ୍କୁ ଆଶ୍ଚର୍ଯ୍ୟ କରି ବୁଲ୍‌ବୁଲ୍ କହିଥିଲା ଯେ ସେ ହିଁ ମାଧବ ମୂର୍ତ୍ତି ନେଇ ଯାଇଛି। ତାକୁ ବିକ୍ରିକରି ସେ ଲୀନା ସହିତ ମଉଜ କରିବ। ଏପରିକି ଆମକୁ ଛୁରି ଦେଖାଇ ଭୟଭୀତ କରାଇ ୫୦୦୦୦ ଟଙ୍କା ଟେବୁଲ ଉପରୁ ନେଇ ଯାଇଥିଲା। ତାପରେ ମୋର ପୁଅ ଆମକୁ ଜୀବନର ଶ୍ରେଷ୍ଠ ସତ୍ୟଟି ମଧ୍ୟ ଶୁଣାଇ ଥିଲା ଯେ ଆମ୍ଭେମାନେ ଭୀରୁ। ଆଜିଯାଏ ଯାହାଠୁ ଯାହା ନେଇଛୁ କିଛି କହିବାର ସତ୍‌ସାହସ ଆମର ନାହିଁ। ଆମେ ସବୁ ହିପୋକ୍ରାଟସ୍। ହଁ ଠିକ୍ କହିଛି ଆମ ବୁଲ୍‌ବୁଲ୍। ଆଦର୍ଶ କର୍ତ୍ତବ୍ୟର ଦ୍ୱାହିଦେଇ ଆମେ ସବୁ ପରସ୍ପର ଠାରୁ କେତେ ଦୂରେଇ ଯାଇଛୁ କହିତ ?

ସମସ୍ତେ ନିଜ ନିଜ କୋଠରିରେ ବନ୍ଦୀ । ନିଜନିଜ ଛାଇନେଇ ଭୟଭୀତ । ତେବେ ବୁଲ୍‌ବୁଲ୍ ଏତେ ସ୍ୱଷ୍ଟ କେମିତି ହେଲା ? ଆମର କେତେ ଆଶା ତା ଲାଗି । ସେ ଅଟକିଲାନି ଚାଲିଗଲା ମା'ର ମମତାଠୁଁ ଅର୍ଥ ଓ ନାରୀର ଆକର୍ଷଣ ତା ଆଖିରେ ବଡ଼ । ବାପା ମଧ୍ୟ ଗାଁକୁ ଯିବାକୁ ସଜ ହେଲେଣି । ଆଜିଯାଏ ଯାହା ଜିଦ୍ କରିଛନ୍ତି ସବୁ ବଜାୟ ରଖିଛନ୍ତି । ଏଇଟା ତାଙ୍କ ପାଇଁ ନୂଆ ନୁହେଁ । ତାଙ୍କୁ ଅଟକାଇବା ବୃଥା ।

ପୂର୍ବପୁରୁଷ ଅସନ୍ତୁଷ୍ଟ । ଉତ୍ତର ପୁରୁଷ ପଳାତକ ମଝିରେ ମୁଁ ଆଉ ସୁକୁମାର । କାହାକୁ ଅଟକାଇ ପାରୁନୁ । କାହା ପାଇଁ ଏ ଧନ ଜାଣି ପାରୁନୁ । କାହାକୁ ଅଟକିବାକୁ କହିପାରୁନୁ । କାହାକୁ କହିପାରୁନୁ ନିଜର ଦୁଷ୍କର୍ମର କାହାଣୀ । ଅନ୍ୟାୟ ଉପାର୍ଜିତ ଧନର ଇତିହାସ । ତେବେ ଏ କିଂକର୍ତ୍ତବ୍ୟବିମୂଢ଼ତାର କଣ ଶେଷ ନାହିଁ ?

■

ଅଜନ୍ତାର ସ୍ୱୀକାରୋକ୍ତି

(ବିଜୟ ମିଶ୍ରଙ୍କର 'ଶବବାହକମାନେ'ର ନାୟିକା ଅଜନ୍ତାର ସ୍ୱୀକାରୋକ୍ତି)

ମୋ ନାଁ ଅଜନ୍ତା। ମୁଁ 'ଶବବାହକମାନେ' ନାଟକର ନାୟିକା। ମୋ ନାଁରେ ଅନେକ ଅପବାଦ। ମୁଁ କାଳେ ନାଟ୍ୟକାର ବିଜୟ ମିଶ୍ରଙ୍କର ନାୟିକାମାନଙ୍କ ମଧ୍ୟରେ ସବୁଠାରୁ ସ୍ୱାର୍ଥପର ସବୁଠାରୁ ସୁଖଲୋଭୀ ତରୁଣୀଟିଏ। ମୁଁ ମାନୁଛି ମୁଁ ସୁଖ ଲାଳସୀ। କିନ୍ତୁ ଆପଣମାନେ କହି ପାରିବେ ଛାତିରେ ହାତ ଦେଇ ଯେ ଆପଣମାନଙ୍କର ସୁଖ ଲାଳସା ନାହିଁ। ଯେତେ ଗ୍ଲାନିକର ହେଲେ ମଧ୍ୟ ମୁଁ ଆପଣମାନଙ୍କୁ ମୋର କାହାଣୀ କହିବି। ମୋର ଦୀର୍ଘ ଜୀବନ କାହାଣୀ ନୁହେଁ, କେବଳ ଗୋଟିଏ ରାତିର କାହାଣୀ। ମୁଁ ନବେନ୍ଦୁର ପ୍ରେମିକା ଉଭୟ ଏକା ଅଫିସ୍‌ରେ ଚାକିରି କରୁ। ଜନମାନବଶୂନ୍ୟ ଜଙ୍ଗଲକୁ ପିକ୍‌ନିକ ପାଇଁ ଯାଇଥିଲି ନବେନ୍ଦୁ ସହିତ। ସାଙ୍ଗରେ ଥିଲା ପିଅନ ମିଛୁ। କିନ୍ତୁ ହଠାତ୍ ଝଡ଼ ଆସିଲା। ଅଦିନିଆଁ ଝଡ଼। ଆମେମାନେ କିଏ କୁଆଡ଼େ ଛିନ୍‌ଛତ୍ର ହୋଇଗଲୁ। ମୁଁ ନବେନ୍ଦୁ ସହିତ ପ୍ରାଣ ବିକଳରେ ଧାଇଁଧାଇଁ ଯାଇ ପହଞ୍ଚିଲି ଗୋଟେ ପରିତ୍ୟକ୍ତ ଘରେ। ଭିତରକୁ ଯିବୁ କି ନାହିଁ ଚିନ୍ତା କରୁ କରୁ ଭିତରୁ ବିରୂପାକ୍ଷଙ୍କ କଣ୍ଠସ୍ୱର ଶୁଭିଲା। ସେ ମଧ୍ୟ ଆମପରି ଟିକେ ଆଗରୁ ଆସି ସେଠାରେ ଆଶ୍ରୟ ନେଇଥଲେ। ସେ ଆମକୁ ଭିତରକୁ ଯିବାକୁ ନିମନ୍ତ୍ରଣ କରୁଥିଲେ। ଆମ ଦି'ଜଣଙ୍କ ପରେ ସେଠି ଯାଇ ପହଞ୍ଚିଲେ ସୁରେନ୍ଦ୍ର, କରୁଣାକର ଓ ଚିତ୍ତପ୍ରିୟ। ତା'ପରେ ସେମାନେ ଆରମ୍ଭ କରିଦେଲେ ନାନା ପ୍ରକାର କଥାବାର୍ତ୍ତା। ଯଥା ନିଜ ନିଜର ପରିଚୟ ଏବଂ ନାରୀଟିଏ ନିକଟରେ ଥିଲେ ପୁରୁଷମାନଙ୍କର ବଦଳି ଯାଉଥିବା ପ୍ରକୃତି ସଂପର୍କରେ ସେମାନେ ଆଲୋଚନା କରୁଥିଲେ। ନବେନ୍ଦୁ ମଧ୍ୟ ପ୍ରତିବାଦ କରୁଥିଲେ। ସୁରେନ୍ଦ୍ର ତ ଅନ୍ଧାରରେ ମୋ ଦେହରେ ପିଟି ହୋଇ ଯାଇଥିଲେ। ଯାହା ହେଉ କରୁଣାକରଙ୍କ ପାଖରେ ଗୋଟେ ଡିଆସିଲି ଥିଲା। ପ୍ରଥମ କାଠିଟା ଜଳାଇବାରୁ ଆମେ ସମସ୍ତେ ବସିବା ପାଇଁ ନିଜ ନିଜର ସ୍ଥାନ ଠିକ୍ କରିନେଲୁ। ଦ୍ୱିତୀୟ କାଠିଟା ଜାଳିଲା ବେଳେ ବିରୂପାକ୍ଷ ସେହି ପରିତ୍ୟକ୍ତ କୋଠରୀ

ମଧ୍ୟରୁ ଦୁଇଟା ମହମବତୀ ଆବିଷ୍କାର କଲେ। ତୃତୀୟ ତଥା ଶେଷ କାଠିଟି ଜଳାଇ ସେ ମହମବତୀ ଜାଳିଦେଲେ। ବିରୂପାକ୍ଷଙ୍କ ଭାଷାରେ 'ଆଲୋକିତ ହୋଇ ଆମ୍ଭେମାନେ ସଭ୍ୟ ପାଲଟିଗଲୁ' ବିରୂପାକ୍ଷଙ୍କର ଯୁକ୍ତି ଥିଲା ଯେ ଗୋଟିଏ ମାତ୍ର ମହମବତୀ ଜଳିବ ଓ ସେ କୋଠରୀରେ ସମସ୍ତେ ଏକାଠି ବସିବେ। କାରଣ ବେହିସାବରେ ଦୁଇଟିଯାକ ମହମବତୀ ଜଳାଇ ଦେଲେ ସାରା ରାତିପାଇଁ ଆଲୋକ ପର୍ଯ୍ୟାପ୍ତହେବନାହିଁ ନବେନ୍ଦୁ କହିଥିଲେ ଯେ ମୁଁ ଏକୁଟିଆ ସ୍ତ୍ରୀଲୋକ। ତେଣୁ ଏତେ ପୁରୁଷଙ୍କ ସହିତ ଏକତ୍ର ରାତ୍ରି କଟାଇବା ମୋ ପକ୍ଷେ ଅସମ୍ଭବ। ବିରୂପାକ୍ଷ ଦୃଢ଼ ଭାବରେ ଯୁକ୍ତି କରିଥିଲେ ଯେ ବିପଦରେ ବାଘ ବକ୍‌ରୀ ଏକା ତୁଠରେ ପାଣି ପିଅନ୍ତି। କିନ୍ତୁ ନାରୀଟିଏ ନିକଟରେ ଥିଲେ ପୁରୁଷମାନେ ବଡ଼ ଅସାମାଜିକ ପାଲଟି ଯାଆନ୍ତି। ନବେନ୍ଦୁ ସମସ୍ତଙ୍କଠାରୁ ନିଜକୁ ଭାଗ୍ୟବାନ ବୋଲି ପ୍ରତିପାଦିତ କରିବାକୁ ଯାଇ ତାଙ୍କ ସହିତ ମୋର ବିବାହ ସ୍ଥିରୀକୃତ ହୋଇଯାଇଛି ବୋଲି ସମସ୍ତଙ୍କ ଆଗରେ ଘୋଷଣା କରିଥିଲେ ଯାହା କି ମୋତେ ମୋଟେ ଭଲ ଲାଗି ନଥିଲା। ଚିତ୍ତପ୍ରିୟ ନାଚଗୀତ କରିବାକୁ ଇଚ୍ଛା କରିଥିଲେ। ମୁଁ ତାଙ୍କୁ ସେଥିପାଇଁ ଅପମାନିତ ମଧ୍ୟ କରିଥିଲି। ସେ ପରିତ୍ୟକ୍ତ ଘରର ମାଲିକଙ୍କ ସମ୍ପର୍କରେ ଆମମାନଙ୍କ ଭିତରେ ନାନାପ୍ରକାର କଳ୍ପନାଜଳ୍ପନା ହୋଇଥିଲା। ତା'ପରେ ଆମମାନଙ୍କ ନାକରେ ଆସି ବାଜିଲା ଗୋଟେ ପଚା ଗନ୍ଧ। ଆମେ ଅଣନିଶ୍ୱାସୀ ହୋଇପଡିଲୁ। ନବେନ୍ଦୁ ଓ ମୁଁ ସେ ସ୍ଥାନ ଛାଡ଼ି ଅନ୍ୟ କେଉଁଠିକୁ ଚାଲିଯିବାକୁ ଠିକ୍ କଲୁ। ବିରୂପାକ୍ଷ କହିଥିଲେ ଦୁର୍ଗନ୍ଧକୁ ଦୂର କରିବା ଆମର ପ୍ରଥମ କାମ। ତା'ଛଡ଼ା ଜଙ୍ଗଲରେ ଭୂତ ପ୍ରେତ ଆଉ ବାଘ ଭାଲୁର ଭୟ ମଧ୍ୟ ରହିଛି। ଏସବୁ ମୋ ମନ ଭିତରେ କୌଣସି ବିକାର ସୃଷ୍ଟି କରି ନଥିଲା। କିନ୍ତୁ ସାପ ନାଁ ଶୁଣି ମୁଁ ଚମକି ପଡିଥିଲି ଓ ମୋ ପାଖରେ ଠିଆ ହୋଇଥିବା କୌଣସି ଏକ ବ୍ୟକ୍ତିକୁ କୁଣ୍ଢାଇ ପକାଇଥିଲି। ବିଶ୍ୱାସ କରନ୍ତୁ ମୋର କୌଣସି ମନ୍ଦ ଉଦ୍ଦେଶ୍ୟ ନଥିଲା। ମୁଁ କେବଳ ଭୟଭୀତ ହୋଇ ପଡିଥିଲି। ମୋ ସହିତ ଅନ୍ୟମାନଙ୍କର ରସିକତା ମୋତେ ଜମା ଭଲଲାଗୁ ନଥିଲା। ମୋତେ ଓ ନବେନ୍ଦୁଙ୍କୁ ଏକୁଟିଆ ଛାଡ଼ି ଅନ୍ୟମାନେ ଘରର ଅନ୍ୟ କୋଠରୀଗୁଡ଼ିକୁ ଦେଖିବାକୁ ଚାହିଁଥିଲେ। ମୁଁ ନବେନ୍ଦୁ ସହିତ ଏକାଠି ରହିବାକୁ ଚାହୁଁ ନଥିଲି। ବିରୂପାକ୍ଷ ସେହି ସମୟରେ ମନ୍ତବ୍ୟ ଦେଇଥିଲେ ଯେ 'ବିବାହଟା credit ନୁହେଁ ଖରଚ ଖାତା। ସେଇଥିପାଇଁ ବୋଧହୁଏ ପ୍ରତ୍ୟେକ ସେଇ ଘଟଣାଟାକୁ ଲୁଚେଇବାକୁ ଏତେ ପରିଶ୍ରମ କରନ୍ତି। ନହେଲେ ଲୁବ୍ଧ କରିବାର chance ଟା କମିଯିବ ଯେ" - ଏକଥା ଗୁଡ଼ାକ ଏତେ suggestive ଥିଲା ସତେ! ମୋର ପରବର୍ତ୍ତୀ ଜୀବନର ରହସ୍ୟକୁ ସତେ କ'ଣ ସେ ହୃଦୟଙ୍ଗମ କରି ପାରିଥିଲେ! ସତରେ ବିରୂପାକ୍ଷ ଖୁବ୍ ବିବେକୀ ଓ

ଅନ୍ୟମାନଙ୍କଠାରୁ ସ୍ୱତନ୍ତ୍ର ମନେ ହେଉଥିଲେ। ଚମତ୍କାର ବ୍ୟକ୍ତିତ୍ୱ ତାଙ୍କରି। ବିରୂପାକ୍ଷ ସୁରେନ୍ଦ୍ରଙ୍କୁ ଡାକି ଆଉ ମହମବତୀଟି ଲଗାଇ କିଛି ଖାଦ୍ୟ ଖୋଜି ଆଣିବାକୁ ଅନୁରୋଧ କରିଥିଲେ। ନିସ୍ତବ୍ଧତାରୁ ରକ୍ଷା ପାଇବାକୁ ଅନ୍ୟମାନେ ଗୀତ ବି ଗାଉଥିଲେ। ମୁଁ ନବେନ୍ଦୁଙ୍କୁ ବାହାରକୁ ଯାଇ ବର୍ଷା ଛାଡିଲାଣି କି ନାହିଁ ଦେଖିବାକୁ ଅନୁରୋଧ କରିଥିଲି। ବିରୂପାକ୍ଷଙ୍କ ମତଥିଲା ଯେ ରାତି ପାହିବା ପୂର୍ବରୁ ବାହାରକୁ ଯିବା ମୋଟେ ନିରାପଦ ନୁହେଁ। ମୋତେ ସେ ଘରେ ଶ୍ୱାସରୁଦ୍ଧ ହେଲାପରି ଲାଗୁଥିଲା।

ସୁରେନ୍ଦ୍ର ନ ଫେରିବାରୁ ବିରୂପାକ୍ଷ ଓ ଚିତ୍ତପ୍ରିୟ ତାଙ୍କୁ ଖୋଜିବାକୁ ଦ୍ୱିତୀୟ ପ୍ରକୋଷ୍ଠକୁ ଯାଇଥିଲେ। ସେଠାରେ ସେମାନେ ଗୋଟିଏ ଶବ ଦେଖି ଚିତ୍କାର କରି ଉଠିଥିଲେ ଓ ପଚାଗନ୍ଧ ଯେ ସେହିଠାରୁ ଆସିଛି ଏ ବିଷୟରେ ନିଶ୍ଚିତ ହୋଇଥିଲେ। ମୁଁ ମଧ୍ୟ ଶବଟାକୁ ଦେଖି ଥରିବାକୁ ଲାଗିଲି ଓ ଗୋଟାଏ ଶବ ପଡ଼ିଥିବା ଘରେ ରାତି କଟାଇବା ମୋ ପକ୍ଷରେ ଅସମ୍ଭବ ବୋଲି ନବେନ୍ଦୁଙ୍କୁ ଜଣାଇ ଦେଲି। ସମସ୍ତେ ସୁରେନ୍ଦ୍ରଙ୍କ ସଂପର୍କରେ ସନ୍ଦିହାନ ହୋଇ ଉଠୁଥିଲେ। ତାଙ୍କର ଯିବା ସମ୍ପର୍କରେ ନାନା କଳ୍ପନା ମଧ୍ୟ କରୁଥିଲେ।   ହୁଏତ ଶବଟାକୁ ଦେଖି ସେ ଝରକାବାଟେ ପଦାକୁ ଚାଲିଯାଇ ପାରିଥାଆନ୍ତି। କାରଣ ଅନେକ ସମୟରେ ଲଜିକ୍ ଠିକ୍ କାମ କରେନି। ସେମାନେ ଆଲୁଅ ନେଇ ସୁରେନ୍ଦ୍ରଙ୍କୁ ଖୋଜିବାକୁ ଇଚ୍ଛା କରୁଥିଲେ। କିନ୍ତୁ ମୁଁ ବାରଣ କଲି। ଅନ୍ଧାରରେ ରହିବା ମୋ ପକ୍ଷରେ ଅସମ୍ଭବ ଥିଲା। ତେଣୁ ମୁଁ ମଧ୍ୟ ସେମାନଙ୍କ ସାଙ୍ଗରେ ବାହାରିଲି। ସେମାନେ ରାଜି ହେଲେନି। କାରଣ ଝଡ଼ ପବନରେ ମହମବତୀଟି ନିଶ୍ଚୟ ଲିଭିଯିବ। ତା'ପରେ ମୋତେ ସମ୍ଭାଳିବା ସେମାନଙ୍କ ପକ୍ଷରେ କଷ୍ଟକର ହୋଇପଡ଼ିବ। ଅଗତ୍ୟା ସେମାନେ ମହମବତୀ ସହିତ ମୋତେ କୋଠରୀରେ ଛାଡ଼ିଦେଇ ସୁରେନ୍ଦ୍ରଙ୍କୁ ଖୋଜିବାକୁ ଅନ୍ଧାରରେ ବାହାରିଗଲେ।

ମୁଁ ଏକୁଟିଆ ବସିଥାଏ। ସେଠାରେ ଆସି ପହଞ୍ଚିଲେ ସୁରେନ୍ଦ୍ର। ତାଙ୍କ ମୁହଁ ଓ ହାତରେ ମାଟି ଲାଗିଥାଏ। ଝାଳ ବୋହି ଯାଉଥାଏ। ମୁଁ ତ ପ୍ରଥମେ ଭୟ ପାଇ ଯାଇଥିଲି। ତା'ପରେ ସାହସ କରି ପରିବେଶକୁ ସହଜ କରି ଦେବାକୁ ଯାଇ ତାଙ୍କୁ ତାଙ୍କ ଅନ୍ତର୍ଦ୍ଧାନ ହେବାକୁ ଖବର ପଚାରି ବସିଲି। ସେ ପକେଟରୁ ଲିଭିଲା ମହମବତୀଟା ବାହାର କରି ଜଳାଇଲେ। ଶବ ସମ୍ପର୍କରେ ସେ ଆଗରୁ ଜାଣିଥିବା ପରି ବୋଧ ହେଲା ତାଙ୍କ କଥାବାର୍ତ୍ତାରୁ। ମୁଁ ତାଙ୍କୁ ମୋ ପାଖରେ ରହିବାକୁ ଅନୁରୋଧ କଲି। ସେ ମନା କଲେ ଓ ପୁଣି ଯିବାକୁ ବାହାରିଲେ। ସେ କୁଆଡ଼େ ଯାଉଛନ୍ତି ମୋର ଜାଣିବା ନିହାତି ଦରକାର ବୋଲି ମୁଁ କହିଲି କାରଣ ଅନ୍ୟମାନେ ଆସିଲେ ଏ ସମ୍ପର୍କରେ ମୁଁ ସେମାନଙ୍କୁ ସୂଚନା ଅନ୍ତତଃ ଦେଇପାରନ୍ତି। ସେ କିନ୍ତୁ ମୋର ସେ ବିଷୟରେ ମୁଣ୍ଡ

ଖେଳାଇବା ଲୋଡ଼ା ନାହିଁ ବୋଲି ମୋତେ ଏଡାଇଗଲେ। ଏପରିକି ଆବଶ୍ୟକ ପଡ଼ିଲେ ସେ ମୋତେ ହତ୍ୟା ମଧ୍ୟ କରିପାରନ୍ତି ବୋଲି ଶୁଣାଇ ଦେଲେ। ନାରୀର ଲୋଭ ତାଙ୍କର ନ ଥିଲା କାରଣ ନାରୀଠାରୁ ଅଧିକ ଲୋଭନୀୟ ଜିନିଷ ତାଙ୍କୁ ମିଳିଥିଲା। ସବୁ ଉତ୍‌କଣ୍ଠାରୁ ଶେଷ ପାଇଁ ମୁଁ ତାଙ୍କ ସହିତ ଅନ୍ୟ ପ୍ରକୋଷ୍ଠକୁ ଯିବାକୁ ବାହାରିଲି। ଶବ ରହିଥିବା କୋଠରୀ ଡେଇଁ ଆମେ ତୃତୀୟ କୋଠରୀକୁ ଗଲୁ। ସେଠାରେ ଗୋଟେ ସ୍ଥାନରେ ମାଟି ଖୋଳା ହୋଇଥିଲା। ତାଙ୍କ ବନ୍ଧୁମାନେ ତାଙ୍କୁ ଖୋଜିବାକୁ ସେଠାକୁ ଆସି ନାହାନ୍ତି ଏହା ଶୁଣି ସେ ଆନନ୍ଦିତ ହେଉଥିଲେ। ଶବ ମୁଣ୍ଡ ଉପରେ ଥିବା ନକ୍‌ସାର ସଙ୍କେତ ଅନୁଯାୟୀ ସେହି ଖୋଳୁଥିବା ସ୍ଥାନଟି ଥିଲା ଗୁପ୍ତ ଧନ ଥିବା ସ୍ଥାନ। ସେହି ଧନରୁ ସୁରେନ୍ଦ୍ର କାହାକୁ ଭାଗ ଦେବାକୁ ଚାହୁଁ ନଥିଲେ। କିନ୍ତୁ ନାରୀର ବୁଦ୍ଧି ପାଖରେ ତାଙ୍କର ବୁଦ୍ଧି ହାର ମାନିଲା। ମୁଁ ତାଙ୍କୁ ବିବାହ କରିପାରେ ବୋଲି ଜଣାଇ ଦେଲି। ବିବାହ ପରେ ଆମ ଉଭୟଙ୍କର Bank account ଗୋଟିଏ ହେବ। ସୁରେନ୍ଦ୍ର ଜାଣିଥିଲେ ଯେ ମୁଁ ନବେନ୍ଦୁର ବାଗ୍‌ଦତ୍ତା। ସେ କିଂକର୍ତ୍ତବ୍ୟବିମୁଢ଼ ହୋଇଗଲେ। ପରକ୍ଷଣରେ ମୁଁ ଯୁକ୍ତି କରି ତାଙ୍କୁ ବୁଝାଇ ଦେଇଥିଲି ଯେ ଏବେ ପ୍ରେମ ଓ emotionର ବୟସ ଅତିକ୍ରାନ୍ତ। ଆଜି ମନ ନ ମିଳିଲେ, କାଲିକି ମିଳିଯିବ। କିନ୍ତୁ ଏ ସୁଯୋଗ ଥରେ ହାତ ଛଡ଼ା ହେଲେ...। ସୁରେନ୍ଦ୍ରଙ୍କ ଅନୁରୋଧରେ ଅନ୍ୟମାନଙ୍କୁ ତୃତୀୟ କୋଠରୀକୁ ନ ଛାଡ଼ିବାର ଗୁରୁ ଦାୟିତ୍ୱ ବହନ କରି ମୁଁ ପ୍ରଥମ କୋଠରୀକୁ ଫେରି ଆସିଲି। କିନ୍ତୁ ଧନ ଲୋଭ ମୋ ଭିତରର ଭୀରୁ ନାରୀଟିର ସତ୍ତା ଲୋପ କରି ଦେଇଥିଲା। ତେଣୁ ପ୍ରଥମେ ସେଠାରେ ପହଞ୍ଚି ମୋତେ ଖୋଜି ବିବ୍ରତ ହୋଇ ପଡୁଥିବା ମିଛୁକୁ ମୁଁ କହିଲି ନବେନ୍ଦୁଠାରୁ ମୋ ଲୁଗାପଟା ଅଲଗା କରିଦେବାକୁ ଯାହାକୁ ମିଛୁ ଏକାଠି ବାନ୍ଧି ଦେଇଥିଲା। ନବେନ୍ଦୁକୁ ବୁଝାଇ ଦେଇଥିଲି ଯେ ମୋର ଭଲ ପାଇବାର ବୟସ ଅତିକ୍ରାନ୍ତ। ଏଭଳି ନିଜ ସହିତ ନିଜେ ଛଳନାକରି ବଞ୍ଚିବା ବୋକାମି। ନବେନ୍ଦୁ ମୋତେ ମୋର ଅସହାୟ ଅତୀତ ସମ୍ପର୍କରେ ସଚେତନ କରିଥିଲେ ସତ୍ୟ କିନ୍ତୁ ମୁଁ ତାଙ୍କୁ ଶୁଣାଇଥିଲି ଯେ ମଣିଷପଣିଆ ଁ କୃତଜ୍ଞତା ଓ ପ୍ରେମ ମଧ୍ୟରେ ପାର୍ଥକ୍ୟ ଯଥେଷ୍ଟ। ମୁଁ ଅନ୍ୟମାନଙ୍କୁ ଭୁଲାଇ ପ୍ରଥମ କୋଠରୀରେ ଅଟକାଇଲି। ସୁରେନ୍ଦ୍ର ଘର ଭିତରେ ନାହାନ୍ତି ବୋଲି ଯୁକ୍ତି ମଧ୍ୟ କଲି। ସେମାନେ ମୋର ପରିବର୍ତ୍ତନରେ ବିସ୍ମିତ ହେଉଥିଲେ। ମାଟି ଖୋଳା ଶବ୍ଦ ଅଧିକରୁ ଅଧିକତର ହେବାରୁ ମୁଁ ବଡ଼ ପାଟି କଲି। ଟେବୁଲ ଚଉକି ଘୋଷାରି ଶବ୍ଦ ସୃଷ୍ଟି କଲି ଓ ଗୀତ ଗାଇବାରେ ଲାଗିଗଲି। ମିଛୁ ମୋତେ ବାରମ୍ବାର ସେଠାରୁ ଚାଲି ଯିବାକୁ କହୁଥିଲା। କିନ୍ତୁ ମୁଁ ଯେ ଶବଠାରୁ ଅଲଗା କିଛି ଦ୍ରବ୍ୟର ସନ୍ଧାନ ପାଇଥିଲି ତାହା ସେ ଜାଣନ୍ତା କୁଆଡୁ? କେବେ ମୁଁ ଅଭାବଗ୍ରସ୍ତ ଥିଲାବେଳେ

ନବେନ୍ଦୁ ମୋତେ ସାହାଯ୍ୟ କରିଥିଲେ । ସେଥିପାଇଁ ସେ ମୋ ଉପରେ ଦାବୀ ସାବ୍ୟସ୍ତ କରିବା କ'ଣ ଉଚିତ ? କାହାର ଦୁର୍ଭାଗ୍ୟ ନଥାଏ କୁହନ୍ତୁ ତ ? କିନ୍ତୁ ସେ ଦିନ ଏତେ ଗୁପ୍ତଧନର ଅଧିକାରୀ ସୁରେନ୍ଦ୍ର ଯେ ମୋ ପାଇଁ ଯୋଗ୍ୟତମ ବ୍ୟକ୍ତିଥିଲେ ଏକଥା ମୁଁ ସ୍ୱୀକାର କରୁଛି । କରୁଣାକର ଦ୍ୱିତୀୟ କୋଠରୀକୁ ଗଲାବେଳେ ମୁଁ ତାଙ୍କୁ ଭିଡ଼ି ଧରିଥିଲି । ମୁଁ ଚାହୁଁଥିଲି କେହି ସୁରେନ୍ଦ୍ରଙ୍କ ପାଖକୁ ନ ଯାଆନ୍ତୁ । ଭଲ ପାଇବା ଓ ଭୁଲ କରିବା କଥା ଦୁଇଟା ସମାନ ବୋଲି ମୋତେ ନବେନ୍ଦୁଙ୍କୁ ମଧ୍ୟ ବୁଝାଇବାକୁ ପଡ଼ିଥିଲା । ଏହି ସମୟରେ ଅନ୍ୟମାନଙ୍କ ଉପସ୍ଥିତି ସମ୍ପର୍କରେ ଅଚେତନ ସୁରେନ୍ଦ୍ର ମୋତେ ବଡ଼ ପାଟିରେ ଡାକ ପକାଇଲେ । ସମସ୍ତେ ମୋ ଆଡ଼କୁ ସନ୍ଦେହୀ ଦୃଷ୍ଟିରେ ଚାହିଁଲେ । ନବେନ୍ଦୁ ସୁରେନ୍ଦ୍ର ସହିତ ମୋର କିଛି ଗୋପନ agreement ହୋଇଛି କି ବୋଲି ଜାଣିବାକୁ ଚାହିଁଲେ । ସମସ୍ତେ କିଛି ଖୋଳା ହେବାର ଶବ୍ଦ ଶୁଣି ପାରୁଥିଲେ । ନବେନ୍ଦୁ ମୋର ପାଟିଟାକୁ ଜାବୁଡ଼ି ଧରିଲେ ଓ ସମସ୍ତେ ଯାଇ ତୃତୀୟ କୋଠରୀର ଖୋଳା ହୋଇଥିବା ସ୍ଥାନ ନିକଟରେ ପହଞ୍ଚିଲେ । ସୁରେନ୍ଦ୍ର ଏମାନଙ୍କର ଉପସ୍ଥିତି ଅନୁମାନ ମଧ୍ୟ କରିପାରି ନ ଥିଲେ । ତେଣୁ ଗାତ ଭିତରୁ ସେ ପାଟିକରି କହିଥିଲେ ଯେ ବାକ୍ସରେ ଥିବା ଧନ ସମ୍ପତ୍ତି ନେଇ ଆମେ ଦିହେଁ ସମସ୍ତଙ୍କ ଆଖି ଆଗରୁ ଖସି ଚାଲିଯିବୁ । ସେ ଧନ ବଣ୍ଟା ଯାଇପାରିବ ନାହିଁ । ମୋତେ ଅନ୍ୟମାନଙ୍କ ସହିତ ଦେଖି ସୁରେନ୍ଦ୍ର ସନ୍ଦେହ କଲେ । ମୋର କି ଲୋଡ଼ା ଥିଲା ଗୁପ୍ତଧନରେ ଭାଗ ବସାଇବାକୁ ମୁଁ ସମସ୍ତଙ୍କୁ ଡାକି ଥାଆନ୍ତି କହ ତ ? ମୁଁ ତ ବହୁତ ଚେଷ୍ଟା କଲି ସେମାନଙ୍କୁ ଅଟକାଇବାକୁ । ସେମାନେ ଏବେ ନ ଶୁଣିଲେ ମୁଁ କ'ଣ କରିବି କହତ ? ସମସ୍ତେ ଧନତକ ଛଅଭାଗ କରିବାକୁ ମସୁଧା କରିବା ସମୟରେ ମିଛୁ ମଧ୍ୟ ଉଦ୍ୟକ୍ତ ହୋଇ ତା ଭାଗ ମାଗି ବସିଲା । କରୁଣାକର ଏହି ସମୟରେ ଆଗେଇ ଆସି ଗଇଁତିଟି ଉଠାଇ ନେଲା । ସେ ଚାହୁଁଥିଲା ଗଇଁତି ବଳରେ ସବୁ ଧନର ଏକୁଟିଆ ଅଧିକାରୀ ହୋଇଥାଆନ୍ତା । ମୁଁ ମଧ୍ୟ ତାକୁ ସାହାଯ୍ୟ କରିବାକୁ ଇଚ୍ଛା ପ୍ରକାଶ କରିଥିଲି । ସୁରେନ୍ଦ୍ର ବାବୁଙ୍କ ସହିତ କରିଥିବା ଚୁକ୍ତି କରୁଣାକରଙ୍କ ସହିତ କରିପାରେ ବୋଲି ତାଙ୍କୁ ଶୁଣାଇ ଦେଲି । ସମସ୍ତେ ମୋତେ ବିବ୍ରତ ହୋଇ ଚାହୁଁଥିଲେ । ମୋର ପରିବର୍ତ୍ତନଶୀଳ ମନକୁ ବିଶ୍ଳେଷଣ କରିବାକୁ ଚେଷ୍ଟା କରୁଥିଲେ । ମୁଁ କିନ୍ତୁ ନିର୍ବିକାର ଥିଲି । ମୋର ଧନ ହିଁ ଲୋଡ଼ା ଥିଲା । ପରିଶ୍ରମ ଉପାର୍ଜିତ ଧନ ନୁହେଁ, ଗୁପ୍ତଧନ । ତେଣୁ ମୁଁ ସବୁ କିଛି କରିବାକୁ ପ୍ରସ୍ତୁତ ଥିଲି ।

କିନ୍ତୁ ସମସ୍ତଙ୍କ ଅଧୀର ଆବେଗର ଶେଷ କିଭଳି ହେଲା ଜାଣନ୍ତି । ବହୁତ ଖୋଳିବା ପରେ ମିଳିଲା ଏକ ବାକ୍ସ । ସେ ବାକ୍ସ ଖୋଲା ହେଲା । ଉତ୍କଣ୍ଠାର ଚରମ ମୁହୂର୍ତ୍ତରେ ସେଥିରୁ ମିଳିଲା କାଗଜ ଖଣ୍ଡିଏ । ସେଥିରେ ଲେଖା ଥିଲା ଯେ

ଶବଟି ପାଖରୁ ନକ୍‌ସା ପାଇ ଏତକ ପରିଶ୍ରମ କରି ସେ ସ୍ଥାନ ଖୋଳିଥିବା ଲୋକମାନେ ଆଉ ଟିକେ ଅଧିକ ପରିଶ୍ରମ କରି ଶବଟିକୁ ପୋତି ଦିଅନ୍ତୁ। ତାହା ହିଁ ଶବ ପାଳଟିଥିବା ଭଦ୍ରବ୍ୟକ୍ତିଙ୍କର ଇଚ୍ଛା ଥିଲା। ଯା ପରେ ବା ଆଉ କ'ଣ ଘଟିବାର ଥିଲା। ବିରୂପାକ୍ଷ କହିଲେ 'ପୃଥିବୀ ଗର୍ଭରେ ଅନେକ ଶବାଧାର। ତାକୁ ପୋତିଦେବା ଆମ ସମସ୍ତଙ୍କର ନୈତିକ ଦାୟିତ୍ୱ।' "କେଉଁ ନୀତି ଭଲା ଆମମାନଙ୍କର ଥିଲା ? କେଉଁନୀତି ବଳରେ ଆମେ ଅନ୍ଧାର ରୀତିରେ ମଣିଷପଣିଆଁ ପାଶୋରି ସବୁତକ ଧନର ଅଧିକାରୀ ହେବାକୁ ବ୍ୟାକୁଳ ହୋଇ ଉଠୁଥିଲୁ ଓ ସେଥିପାଇଁ ଅବଲୀଳାକ୍ରମେ ବଦଳାଇ ଚାଲିଥିଲୁ ଜୀବନପ୍ରତି ଦୃଷ୍ଟିଭଙ୍ଗୀ। ପ୍ରେମପ୍ରତି ଯେଉଁ ଆନ୍ତରିକତା ଜଣେ ନାରୀର ରହିବା ଉଚିତ ତା' କ'ଣ ମୋର ଥିଲା ? ମୋତେ ତ ଧନଲାଳସାହିଁ ଗ୍ରାସ କରି ବସିଥିଲା। ତା'ପରେ ଅବା ମୁଁ କେଉଁ ମୁହଁ ନେଇ ନବେନ୍ଦୁକୁ ଅନାଇଁ ଥାଆନ୍ତି କୁହନ୍ତୁ ତ ?

■

BLACK EAGLE BOOKS

www.blackeaglebooks.org
info@blackeaglebooks.org

Black Eagle Books, an independent publisher, was founded as a nonprofit organization in April, 2019. It is our mission to connect and engage the Indian diaspora and the world at large with the best of works of world literature published on a collaborative platform, with special emphasis on foregrounding Contemporary Classics and New Writing.

www.ingramcontent.com/pod-product-compliance
Lightning Source LLC
Chambersburg PA
CBHW050426110726
47899CB00008B/2872

* 9 7 8 1 6 4 5 6 0 2 7 8 1 *